KB266040

쓰다 보면 몸에 배는

나를 변화시키는 좋은 습관

나를 변화시키는 좋은 습관

— 한정옥 지음

빅마우스

우리가 반복하는 행동이 곧 우리의 정체성이다.
그러므로 탁월함은 단 한 번의 행위가 아니라, 습관이다.

_윌 듀런트

우리 함께
걸어 볼래요?

2004년 1월에 《나를 변화시키는 좋은 습관》 초판이 발행되었습니다. 그 뒤로 20년 넘는 세월이 흘렀고, 지금도 꾸준히 독자들의 사랑을 받고 있습니다. 세월의 강물은 빠르게 흘러갑니다. 제 책을 처음 접했던 분들이 어느덧 청년이 되고, 중년이 되고, 노년이 되었습니다. 경험만큼 삶의 지혜도 늘어났겠지요.

작년 가을 무렵, 우연히 만난 독자분이 이렇게 말씀하시더군요.

"선생님, 《나를 변화시키는 좋은 습관》을 잘 읽었습니다. 읽고 나니 아쉬움이 남아서 그러는데, 필사 책을 내주실 수는 없나요?"

전혀 계획에 없던 일이었지만 생각해 보니 그것도 괜찮을 듯싶었습니다. 저 역시 필사를 즐기는데, 필사를 하다 보면 작가와 함께 걷는 기분이 들거든요.

◆ ◆ ◆

마흔의 다리를 건너고 나서 '남은 인생을 어떻게 살 것인가?', 틈날 때마다 생각해 보곤 했습니다. 저는 그 비결을 인연에서 찾았습니다.

《나를 변화시키는 좋은 습관》은 제가 대학을 졸업하고 기자, 프리

랜서, 투자 컨설팅 회사에서 일하면서 만났던, 각계각층에서 성공한 사람들의 본받을 만한 점들을 추려서 수록한 책입니다.

이 책이 오래도록 여전히 사랑받는 까닭은, 인간이 갖춰야 할 삶의 기본자세만큼은 세월이 흘러도 변하지 않기 때문일 것입니다. 소크라테스, 니체, 쇼펜하우어 같은 이들의 명언이 오늘날까지 회자되는 것처럼 말입니다.

핵심 중의 핵심을 '정수'라고 하지요. 저는 수많은 좋은 습관 중에서, 지금 이 시대를 살아가는 우리에게 가장 시급하고 단단한 뿌리가 되어 줄 문장들을 솎아냈습니다. 아름다운 문장과 멋진 생각, 실천 가능한 지혜를 담았지만 역설적이게도 이 책은 여전히 미완성입니다. 나머지 빈칸이 당신의 필체로 채워질 때, 비로소 세상 어디에서도 찾을 수 없는 향기로운 한 권의 책으로 완성되겠지요.

이 책은 18주 동안 사색하며 필사할 수 있도록 18가지 각기 다른 주제로 이루어져 있습니다. 시작, 성찰, 비움, 습관, 태도, 시간…. 순서와 상관없이 마음을 끄는 주제가 있다면 그 주제부터 찾아서 필사해도 좋습니다.

필사는 작가와의 동행인 동시에 오롯이 '나 자신과 인연'을 맺는 귀한 시간입니다. '나'의 마음이 어떤 문장에 머물고, 어떤 지혜에 고개를 끄덕이는지 관찰해 보시길 바랍니다.

자, 그럼 우리 함께 걸어 볼래요?

시작

시작은 아이스크림처럼 부드럽게

쓰다 보면 몸에 배는
나를 변화시키는
좋은 습관

남들보다 앞서가는 비결은 일단 시작하는 것이다.
시작하는 방법은
복잡하고 과중한 작업을 할 수 있는 작은 일로 나눈 뒤,
첫 번째 일부터 시작하는 것이다.

– 마크 트웨인

생각을 바꿔야
인생이 바뀐다

생각은 행동의 씨앗이다.

성공한 사람들의 이야기를 듣고 나면 대다수는 부러움과 상대적 박탈감에 휩싸인다. 그러나 소수는 '그렇다면 나도 할 수 있다'라며 마음의 씨앗을 품는다. 순간의 결심이 현실의 결핍과 만날 때, 절박한 마음은 영혼에 새겨지고 변화를 부른다.

아리스토텔레스는 단언한다.

"시작이 반이다."

시작하면 이미 반은 성공한 셈이다. 마음속에 성공의 씨앗을 품는 순간, 성공의 역사가 시작된다.

한 줄의 지혜

오늘 마음에 심은 씨앗 하나가
풍성한 내일의 숲을 이룬다.

꿈을 이루고 싶다면
신념의 날개를 달아라

신념은 목표로 안내하는 훌륭한 길잡이다.

'열심히 살다 보면 언젠가는 목표를 이루겠지'라는 막연한 태도로
는, 쏜살같이 시대를 가로지르는 기회를 붙잡을 수 없다.

반드시 성공하겠다는 확고한 신념을 품어야 잠재의식이 깨어나,

성공을 낚아 올릴 촘촘한 그물을 짜기 시작한다.

성공학의 거장 나폴레온 힐은 말한다.

"마음이 품고 믿을 수 있는 것은 무엇이든 성취할 수 있다."

한 줄의 지혜

확고한 신념의 날개를 지닌 사람만이
목표를 향해 힘차게 비상한다.

일찍 출발해야
위대해진다

세상에는 두 부류가 있다. 완벽한 기회가 오기를 기다리는 사람과 불완전하더라도 일단 시작하는 사람.

완벽한 기회는 그 누구에게도 찾아오지 않는다.

성공하는 사람들은 기다리지 않는다. 불완전한 환경에서 시작해서 실패를 통해 배우며, 마침내 불완전했던 기회를 완벽한 기회로 만들어낸다.

지그 지글러는 단언한다.

"출발하기 위해 위대해질 필요는 없지만 출발해야 위대해진다."

내 인생에서 가장 완벽한 출발 순간은
바로 '지금'이다.

시작의 문턱을 낮춰야
인생의 경계를 넘는다

위대한 성취도 사소한 시작에서 출발한다.

결국 해내는 사람은 의지력에만 기대지 않고 실행을 설계한다. "열심히 할 거야"라는 모호한 결심 대신, "A 상황이 오면 B 행동을 하겠다"라는 식으로 구체적인 실행 의도를 세운다.

이러한 'If-Then' 플랜은 뇌의 부담을 덜어 주어 즉각적인 행동을 이끌어낸다.

세계적인 테니스 스타 아서 애시는 생의 마지막 순간에 말한다.

"당신이 있는 곳에서 시작하라. 당신이 가진 것을 사용하라. 당신이 할 수 있는 것을 하라."

한 줄의 지혜

시작의 문턱을 낮추는 사람만이
인생의 경계를 넘는다.

유연함을 잃은 계획은
죽은 것과 다름없다

끊임없이 변화하는 세상에서 변하지 않는 계획은 위험하다. 유연함을 잃은 계획은 생명력을 잃은 것과 다름없기 때문이다.

항로가 막히거나 기상이 악화되면 비행 경로를 수정해야 한다. 최종 목적지는 그대로일지라도 시간 소모와 에너지 낭비를 막지 못하면, 영영 목적지에 도착하지 못할 수도 있다.

목표는 고정된 화석이 아니라 살아 움직이는 생물이다. 세상과 환경의 변화에 맞춰 목표를 매주 점검하고, 수시로 숨결을 불어넣어야 한다.

비행사이자 작가였던 생텍쥐페리는 단언한다.

"계획 없는 목표는 단지 바람일 뿐이다."

한 줄의 지혜

틀어진 경로를 바로잡기보다
별자리를 바꾸려는 여행자는
결코 목적지에 닿을 수 없다.

하고 싶은 일은
지금 즉시 시작하라

화원을 가꾸는 원예가는 꽃이 만개할 때까지 기다리지 않는다. 꽃
봉오리가 맺혔을 때가 바로 시장에 내놓을 적기이기 때문이다. 아
이디어도 마찬가지다. 완벽한 때를 기다리다 보면 영영 기회를 놓
치고 만다.

현대 경영학의 아버지 피터 드러커는 일찍이 실행이 뒷받침되지
않은 계획의 무용함을 경고했다.

"계획은 즉각적인 실행으로 옮겨지지 않는 한, 한낱 좋은 의도에
불과하다."

한 줄의 지혜

완벽을 기다리는 손은 비어 있지만,
일단 시작하는 손에는 절반의 성공이 쥐어져 있다.

빠른 결단이
성패를 좌우한다

세상 모든 일에는 타이밍이 있다. 아무리 완벽한 계획서도 타이밍을 놓치면 한낱 낙서에 불과하다.

변화의 속도가 기하급수적으로 빨라지면서, 아이디어의 유통기한은 갈수록 짧아지고 있다.

성공하는 사람은 결단이 빠르다. 남들이 계산기를 두드리며 진입 시기를 재고 있을 때, 그들은 이미 현장을 달린다.

미국의 제26대 대통령 시어도어 루스벨트는 말한다.

"결정의 순간에 할 수 있는 가장 좋은 것은 옳은 일을 하는 것이고, 그다음으로 좋은 것은 틀린 일을 하는 것이며, 가장 최악은 아무것도 하지 않는 것이다."

한 줄의 지혜

바닷물에 먼저 뛰어든 해녀가
진주를 건진다.

쓰다 보면 몸에 배는
나를 변화시키는
좋은 습관

성찰

진정한 나를 만나는 시간

나를 아는 것이
모든 지혜의 출발점이다.

– 아리스토텔레스

강점을 발견하면
인생이 충만해진다

남의 신발을 신고 달리는 사람은 결코 멀리 갈 수 없다.

인생이 지루하고 고통스럽다면 내 발에 맞지도 않는 '타인의 강점'

을 흉내 내며 살고 있기 때문이다.

눈을 감고 나 자신에게 물어보자.

"나는 무엇을 할 때 시간 가는 줄도 모르고 몰입하는가?"

"나는 어떤 일에서 존재의 기쁨을 느끼는가?"

진정한 강점은 우리를 단순히 '잘하는 사람'을 넘어 '즐거운 사람'

으로 만든다. 강점으로 무장하고 나답게 살아갈 때, 비로소 인생은

충만해진다.

서양의 어느 우화는 우리에게 경고한다.

"누구나 천재성을 타고난다. 하지만 물고기를 나무 타기 능력으로

평가한다면, 그 물고기는 평생 자신이 바보라고 믿으며 살아갈 것

이다."

한 줄의 지혜

약점을 고치면 평범해지지만,
강점을 키우면 독보적인 존재가 된다.

약점을 껴안아야
비로소 세상이 보인다

완벽한 원은 빠르게 구를 수 있지만 다른 형상을 품지 못한다.
사람도 마찬가지다. 완벽함을 추구하는 사람은 타인의 아픔을 보지 못한다. 나의 약점을 수용함은 나의 부족함을 인정하고, 세상을 온몸으로 끌어안는 일이다.

약점은 세상과 연결된 '공감의 통로'다. 우리는 공감의 통로를 통해 서로를 깊이 이해하고, 한층 더 따뜻한 세상을 만들 수 있다.

《탈무드》에는 이런 문구가 있다.

"자기의 약점만을 걱정하는 사람은 인간의 약점이 무엇인지 깨닫지 못한다."

한 줄의 지혜

나의 빈틈을 인정할 때 비로소
그 틈 사이로 타인의 마음이 스며든다.

내면의 불꽃,
나의 진짜 욕망과 마주하라

우리는 종종 타인이 누리는 가치를 '내 영혼의 허기'라고 착각한다.
남들이 선망하는 것을 목표로 삼으면, 삶은 화려해 보여도 영혼은
텅 비어가기 마련이다.
나는 무엇에 분노하고, 무엇에서 환희를 느끼는지 세밀하게 관찰
하라.
욕망은 부끄러운 본능이 아니다. 나다운 삶을 위한 출발점이다.
내면의 불꽃을 똑바로 응시하라. 그것에 인생을 걸 준비가 되었을
때, 우리는 비로소 후회 없는 단 하나의 인생을 완성할 수 있다.
아일랜드 독립운동에 앞장섰던 소설가 브렌던 프랜시스 비언은 말
한다.
"무언가를 간절히 원한다면 인생을 걸어야 한다."

한 줄의 지혜

**타인의 욕망을 좇는 사람은
결코 자기 인생의 주인공이 될 수 없다.**

지진에도 흔들리지 않는 삶을
설계하라

제대로 된 집을 지으려면 설계도부터 그려야 하듯이, 의미 있는 인생을 살려면 나만의 가치관이 있어야 한다.

삶의 여정에서 결코 포기할 수 없는 나의 핵심 가치는 무엇인가?

성취인가, 자유인가? 도전인가 아니면 안전인가?

가치관을 정립하는 일은 내가 어떤 인간으로 기억되고 싶은지에 대한 선택이자, '앞으로 나는 이런 인생을 살겠다'는 엄숙한 선언이다.

분석심리학의 창시자 칼 융은 단언한다.

"나는 내게 일어난 일이 아니라, 내가 되기로 선택한 사람이다."

한 줄의 지혜

**가치관이 바로 서 있는 사람은
망망대해에서도 북극성을 찾아낸다.**

정체 모를 불안과
직면하라

인생의 중요한 순간에 정체 모를 불안으로 인해 움츠러든다면, '심리적 장애물'이 무엇인지 찾아야 한다. 어린 시절에 겪었던 공포, 믿고 존경했던 사람에게 들은 비난의 말 한마디가 우리 몸을 얼어붙게 만들 수 있다.

더 이상 외면하지 말고, 까닭 모를 두려움과 대면하라. 그것은 과거의 망령일 뿐 지금의 나를 구속할 수 있는 실체가 아니다.

심리적 장애란 없는 것을 있다고 믿는 착각에 불과하다. 그 불안과 두려움이 허상임을 깨닫는 순간, 비로소 뛰어넘지 못할 장벽은 없다는 사실을 알게 된다.

페르시아의 시인 루미는 말한다.

"상처를 통해서만 빛이 들어올 수 있다. 인간은 자신이 입은 상처의 크기만큼 성장한다."

한 줄의 지혜

상처에 대한 해석을 달리하면,
그것은 낙인이 아니라 나를 빛내는 훈장이 된다.

실수해도 괜찮아

대중 앞에 섰을 때 목소리가 떨리고 심장이 요동친다면, 그것은 당신이 심약해서가 아니라 지나치게 높은 자의식과 완벽주의 때문이다. '실수하면 어떡하지?'와 같은 강박은 스스로를 타인의 시선이라는 감옥에 가둔다.

하지만 나의 실수를 오랫동안 기억하는 사람은 오직 나뿐이다. 냉정하게 말하면 타인은 나에게 관심이 없다.

무대 공포증을 극복하려면 완벽함이 아닌 '인간미'를 선택해야 한다. 실수는 결점이 아니라, 타인에게 친근하게 다가서는 인간적인 매력으로 비칠 수 있다.

기회가 있을 때마다 사람들 앞에 서라. 잦은 노출은 무대 공포증을 점점 무디게 하여, 나를 점점 더 큰 무대로 이끈다.

천재 물리학자 알베르트 아인슈타인은 충고한다.

"한 번도 실수를 해본 적이 없는 사람은 한 번도 새로운 것을 시도해 본 적이 없는 사람이다."

한 줄의 지혜

사람들의 관심은 실수보다는
그 실수를 당신이 어떻게 받아들이는지에 있다.

감당하기 힘든 짐은
내려놓아라

인생은 여행이다. 우리는 저마다 삶이라는 배낭을 메고 여행을 떠난다.

여행 초보자의 배낭은 불필요한 짐들로 인해 무겁고, 여행 전문가의 배낭은 꼭 필요한 것들로만 채워져 가뿐하다.

인생을 살다 보면 나의 의지와는 무관한 짐을 지게 된다. 가족의 기대, 완벽함에 대한 집착, 내가 통제할 수 없는 타인의 삶 등이 어깨를 짓누르면 주변의 아름다운 풍경과 새로운 기회는 볼 수도 없고, 눈에 들어오지도 않는다.

모든 짐을 짊어지는 것을 용기라고 착각하지 마라. 진정한 용기는 감당하기 힘든 짐을 스스로 내려놓는 데 있다.

마하트마 간디는 말한다.

"속도보다 더 중요한 것은 방향이다. 때로는 걸음을 멈추고 짐을 내려놓아야 비로소 올바른 방향이 보인다."

한 줄의 지혜

지혜로운 사람은 불필요한 짐을 내려놓음으로써 여행의 가치를 발견한다.

Week

3

비움

비울수록 채워지는 단단한 삶

쓰다 보면 몸에 배는
나를 변화시키는
좋은 습관

그릇은 비어 있어야만
무언가를 담을 수 있다.

- 노자

공간과 여백이
실상을 떠받친다

우리는 방 안의 물건에 집착하지만 정작 그 방을 방답게 만드는 것은 비어 있는 '공간' 그 자체이다.

책상 위에 산처럼 쌓인 문서, 옷장을 꽉 채운 옷가지들, 쓰지 않는 물건들은 우리의 주의력을 분산시키고, 정신적인 에너지를 빼앗아 가는 주범이다.

소유가 나의 가치를 결정한다는 환상에서 벗어나라. 공간과 사물은 비움으로 인해 비로소 생명력을 얻는다.

텅 빈 하늘, 음악 사이에 깃들어 있는 침묵, 정원의 빈터….

이러한 여백은 본질과 실상을 떠받치며, 우리 삶에서 진짜 소중한 것들이 무엇인지 선명하게 드러낸다.

현대 건축의 거장 미스 반 데어 로에는 단언한다.

"적을수록 더 풍요롭다."

한 줄의 지혜

공간은 비움으로 아름다워지고,
삶은 비움으로 풍요로워진다.

피곤한 관계만 정리해도
관계가 돈독해진다

인맥이 자산이라는 강박에서 벗어나라. 인간관계의 풍요로움은 얼마나 많은 사람을 아느냐가 아니라, 얼마나 깊은 마음을 나눌 수 있느냐에 달려 있다.

에너지를 앗아가는 관계, 헤어지고 나면 심신이 피로해지는 관계, 서로의 성장을 가로막는 정체된 관계는 죽은 나무에 물을 주는 것과도 같다. 죽은 나무에만 과도하게 물을 주다 보면 결국 숲 전체가 시들게 된다.

불필요하고 소모적인 관계 정리는 나 자신과 소중한 사람들을 지키기 위한 최선의 배려다.

워런 버핏은 조언한다.

"누구를 만나는지가 미래를 결정한다. 당신보다 나은 사람들과 어울려라."

한 줄의 지혜

관계의 전체적인 질은
비워진 인맥의 숫자만큼 밀도 있게 채워진다.

정원에 핀 꽃의 아름다움은
내가 가꾼다

타인과 나를 비교할 때, 불행의 여신은 비릿한 미소를 지으며 다가와 삶 속으로 스며든다.

우리는 타인의 화려한 겉모습이나 과장된 단면에 눈이 멀어, 스스로 묵묵히 일군 소중한 성취를 과소평가하는 경향이 있다.

성장의 그래프도, 만족의 그래프도 내 안에 존재해야 한다.

타인과 비교하는 순간, 더 나은 내일을 위해 안간힘을 썼던 날들과 그로 인한 행복감은 빛바랜 흔적으로 전락하고 만다.

알베르 카뮈는 말한다.

"행복해지려면 타인에게 너무 신경 쓰지 말아야 한다."

한 줄의 지혜

남의 정원에 핀 꽃을 시샘하는 사이
내 정원에 핀 꽃은 시들어간다.

용서는 남은 인생을 위한
최선의 선택이다

용서가 곧 화해를 의미하는 것은 아니다. 용서와 화해는 별개의 문제다. 화해가 상대와의 관계를 회복하는 일이라면, 용서는 내 영혼을 옥죄고 있던 미움의 쇠사슬을 끊어내는 일이다.

용서는 결코 상대의 잘못을 덮어주거나 정당화하는 것이 아니다. 단지 그가 저지른 과오가 현재의 나를 더 이상 망치지 못하도록, 마음속 방 한 칸을 차지하고 있던 그를 밖으로 추방하는 일이다.

여전히 억울하고 가슴 한구석이 아릴 수도 있다. 그럼에도 불구하고 우리가 용서하는 까닭은 그것이 상대를 향한 자비가 아니라, 남은 인생을 온전히 살아가기 위해 나에게 베푸는 가장 큰 선의이기 때문이다.

정신과 의사 토마스 사스는 말한다.

"어리석은 자는 용서도 하지 않고 잊지도 않는다. 순진한 자는 용서하고 잊는다. 하지만 지혜로운 자는 용서는 하되, 결코 잊지 않는다."

한 줄의 지혜

용서는 상대에 대한 사면이 아닌,
붙잡혀 있던 나 자신을 구원하는 일이다.

불안과 걱정은
내려놓고 가자

불안의 본질은 실체 없는 그림자와 같다. 걱정도 마찬가지다. 아직 일어나지 않은 일에 마음의 앞자리를 미리 내어주는 일이다.

우리는 과거를 바꿀 수 없고, 미래를 통제할 수도 없다. 불안과 걱정을 내려놓음은 과거를 부인하거나 미래에 대한 방치가 아니라, 내 통제 밖의 영역을 인정하는 용기다. 비워진 마음일 때 비로소 지금 이 순간을 선명하게 담아낼 수 있다.

미국의 사상가 로버트 잉거솔은 충고한다.

"현재는 과거의 필연적인 산물이며, 미래의 필연적인 원인이다. 현재 시간을 잃어버리면 인생, 그 자체를 잃어버린다."

한 줄의 지혜

불안과 걱정을 내려놓을 때
비로소 '현재'라는 보석이 빛을 발한다.

편견을 버려야
실체가 보인다

사람들은 저마다 색안경을 끼고 세상을 바라본다.

내가 쌓아온 경험과 낡은 습관은 내 안에 고정관념을 뿌리내리게 한다. 이러한 편견은 마치 나그네의 키를 억지로 침대에 맞췄던 그리스 신화의 '프로크루스테스의 침대'와 같아서, 세상의 모든 실체를 내가 정한 틀에만 끼워 맞추려 한다.

낯선 면모, 더 넓은 세상, 새로운 사상을 발견하려면 편견을 버려야 한다.

아일랜드 시인 오브리 드 비어는 말한다.

"편견은 마음에 드는 것만 보고, 있는 그대로는 보지 못한다."

편견은 진실을 가두고 억압하여,
결국 나를 편협한 사람으로 만든다.

노예 근성을 버려야
내 인생의 주인이 된다

우리는 종종 스스로를 '돈의 노예' 혹은 '직장의 노예'라 부르며 비하한다. 그 말 속에는 삶에 대한 무거운 체념이 깔려 있다.

하지만 우리가 진정으로 경계해야 할 것은 조직의 시스템이 아니라, 내 안에 깊게 뿌리박힌 노예 근성이다.

내가 노예가 될 수 있다면 반대로 주인도 될 수 있다. 결국 우리를 지배하는 것은 직위나 신분이 아니라 스스로를 규정하는 생각의 틀이다. 내면을 장악한 비굴한 노예 근성을 비워낼 때 비로소 내 인생의 진정한 주인이 될 수 있다.

프리드리히 니체는 경고한다.

"스스로에게 명령하지 못하는 자는 타인의 명령을 따라야 한다."

한 줄의 지혜

시키는 대로만 하면 되는 노예 근성이
찬란한 나의 인생을 좀먹는다.

습관

나를 변화시키는 사소한 습관

습관은 나뭇가지에 새겨 놓은 문자 같아서
그 나무가 자라는 만큼 확대된다.

- 새뮤얼 스마일스

진정한 성공을 원한다면
책을 읽어라

책 속에는 수천 년간 축적된 지혜의 정수가 담겨 있다.

책을 읽지 않는 사람은 자신만의 좁은 우물 안에서 세상을 보지만,

독서를 즐기는 사람은 거인의 어깨 위에서 미래를 내다본다.

정보의 홍수 시대에 진정한 성공을 거머쥐고 싶다면, 눈에 흙이 들

어갈 때까지 책을 손에서 놓지 마라. 독서는 미래의 불확실성에 맞

설 수 있는 가장 확실하고 경제적인 무기다.

근대 철학의 아버지 르네 데카르트는 말한다.

"좋은 책을 읽는 것은 지난 몇 세기의 가장 훌륭한 사람들과 대화

하는 것과 같다."

한 줄의 지혜

세상은 아는 만큼 보이고,
인생은 독서의 양에 비례해서 풍요로워진다.

칭찬은
나를 빛나게 한다

칭찬은 타인의 마음을 얻고, 관계에 활력을 불어넣어 준다. 효과는 강력하지만 누구나 할 수 있는 쉬운 습관이다.

그럼에도 불구하고 칭찬이 어려운 이유는 내 안의 '높은 기준' 때문이다. 타인을 향한 엄격한 잣대를 버리고 눈높이를 낮추면, 주변의 모든 것이 칭찬거리로 변한다.

데일 카네기는 말한다.

"누구나 잘못을 저지른다. 아홉 가지 잘못을 찾아 꾸짖기보다는 단 한 가지 잘한 일을 발견하여 칭찬해 주는 것이 그 사람을 올바르게 인도하는 데 큰 힘이 된다."

한 줄의 지혜

칭찬은 상대를 춤추게 할 뿐만 아니라
나를 더 빛나게 한다.

기록하는 습관을
길러라

기록은 단순히 적는 행위가 아니라, 어지러운 머릿속을 정리하고
해결책을 발견하는 창조적 과정이다. 실제로 메모는 뇌의 부하를
줄여 기억력과 학습 능력을 향상시키며 창의력을 증진시킨다.

우리는 기록을 통해서 뇌의 능력을 극대화하고, 잠재력을 최대치
로 끌어낼 수 있다. 기록이야말로 시간과 노력 대비 내 안의 보물을
찾는 가장 효율적인 방법이다.

평생에 걸쳐 수만 장을 기록했고, 현존하는 것만 7천여 페이지가
넘는 노트를 남겼던 르네상스 시대의 천재 레오나르도 다빈치는
단언한다.

"철은 사용하지 않으면 녹슬고, 고인 물은 썩는다. 이와 마찬가지
로 기록하고 행동하지 않으면 마음의 활력도 사라진다."

한 줄의 지혜

기록하지 못한 영감은 망각의 강으로 흘러 들어가고,
기록된 사유는 나를 성공으로 이끄는 길잡이가 된다.

몰입의 즐거움을
만끽하라

몰입은 시간 가는 줄 모르고 어떤 활동에 완전히 빠져드는 상태를 말한다. 이때 뇌는 인지 효율이 극대화되어 잡념은 사라지고, 창의성과 생산성은 비약적으로 향상된다.

하지만 끊임없는 디지털 소음 속에 사는 현대인에게 몰입은 점점 어려운 과제가 되고 있다. 집중력을 회복하기 위해서는 의도적으로 환경을 조성하고 단일 작업에 몰두하는 습관을 길러야 한다.

자신의 일에 몰입하면 행복은 그림자처럼 따라온다. 몰입은 단순히 성과를 내기 위한 수단이 아니라, 활동 그 자체에서 깊은 만족감을 얻는 행복의 기술이다.

아이작 뉴턴은 말한다.

"나의 천재성은 오직 나의 주의력에 달려 있다."

한 줄의 지혜

몰입은 나를 동심의 세계로 초대해서,
어려운 일도 즐거운 놀이로 만든다.

고독한 시간을
즐겨라

현대인은 혼자 있음을 결핍이나 소외로 느낀다. 그러나 이는 '외로움'과 '고독'을 혼동하기 때문이다. 외로움이 타인의 부재를 견디지 못하는 수동적 고통이라면, 고독은 스스로를 마주하기 위해 선택한 능동적 즐거움이다.

뇌과학에 따르면 우리가 홀로 깊은 생각에 잠길 때 '디폴트 모드 네트워크'가 활성화된다. 이때 뇌는 흩어진 정보를 재조합하고 자아를 확립하며, 창의적인 해결책을 찾아낸다. 고독은 나를 가두는 폐쇄적인 방이 아니라, 나라는 세계를 확장하는 광장인 셈이다.

고독은 자아를 성장시키고 내면을 단단하게 빚는다. 따라서 고독은 회피해야 할 시간이 아닌 의도적으로 찾아서 즐겨야 할 습관이다. 《고독한 산책자의 몽상》을 썼던 장 자크 루소는 말한다.

"우리는 고독 속에서만 비로소 나 자신을 발견한다."

한 줄의 지혜

고독은 나를 고립시키는 벽이 아니라,
참된 나를 만나는 눈부신 광장이다.

결정적인 승부는
체력이 좌우한다

시간 관리는 한정된 시간 자원을 활용하는 일종의 경영이다.

많은 이가 시간 관리에 매달리지만, 정작 그 시간을 채울 '체력 관리'는 뒷전으로 미룬다. 성공의 문턱에 이르면 지식이나 재능의 차이가 아니라, 결국 체력이라는 기초 자산에서 승패가 갈린다. 강인한 체력은 집중력의 근간이다. 유산소 운동은 뇌를 활성화해 최상의 아이디어를 끌어내고, 복잡한 문제 앞에서 흔들리지 않는 낙천성을 부여한다.

운동하는 시간이 아깝다고 느낀다면 아마추어다. 진정한 고수는 꾸준한 운동으로 체력을 비축하여, 결정적인 순간에 폭발적인 에너지를 쏟아붓는다.

국민 체력 증진을 국가 과제로 삼았던 미국 제35대 대통령 존 F. 케네디는 말한다.

"운동은 신체 건강을 위해 중요할 뿐 아니라, 다이내믹하고 창조적인 지적 활동을 위한 기반이기도 하다."

한 줄의 지혜

마지못해 사는 사람은 일에 쫓기고,
꿈이 있는 사람은 체력을 기른다.

감사 일기를
생활화하라

감사는 정신적 성장의 핵심이자, 삶을 풍요롭게 만드는 미학이다. 감사는 단순히 마음의 평화에 그치지 않는다. 긍정심리학 연구에 따르면, 매일 세 가지 감사할 일을 기록하는 것만으로도 행복감은 25% 증가하고 우울감은 현저히 감소한다.

감사는 보상 시스템을 활성화해서 긍정 호르몬을 분비하고, 스트레스 호르몬인 코르티솔을 줄여 뇌를 건강하게 재구조화한다. 감사는 끝없는 결핍의 늪에서 우리를 건져 올리는 가장 강력한 심리 습관이다.

매일 세 가지 감사한 일을 찾아서 기록하자. 사소한 일상에서 특별한 가치를 발견하는 순간, 인생은 비로소 가 볼 만한 여행이 된다.

미국의 심리학자이자 작가인 멜로디 비티는 단언한다.

"감사는 우리가 가진 것을 충분한 상태로 바꾸어 놓으며, 삶에 의미를 부여한다."

한 줄의 지혜

감사는 우리가 가진 것의
진정한 가치를 일깨우는 마법이다.

태도

태도를 보면 마음이 보인다

당신의 문제는 문제가 아니다.
진짜 문제는 그 문제에 대한 당신의 태도다.

— 영화 〈캐리비안의 해적〉

목표가 분명해야
성공한다

인생은 한 편의 작문과 같다.

무작정 쓰기 시작한 글은 문장 사이에서 길을 잃고 만다. 반면 명확한 주제를 설정하고 개요를 짠 뒤 쓰기 시작하는 글은 알찬 결말에 도달한다.

우리의 뇌는 정확한 목표가 설정될 때 생각과 행동을 조율하며 잠재력을 극대화한다.

사격도 마찬가지다. 과녁을 대충 보고 쏴서는 결코 정중앙을 꿰뚫을 수 없다. 호흡을 가다듬으며 과녁을 뚫어져라 응시한 뒤 방아쇠를 당기는 사수만이 승리의 기쁨을 누린다.

성공하고 싶다면 목표가 분명해야 한다.

스토아학파 철학자 세네카는 경고한다.

"어느 항구로 가야 할지 모르는 항해사에게는 어떤 바람도 도움이 되지 않는다."

한 줄의 지혜

명확한 목표를 세우는 순간, 세상의 모든 신들이 도움의 손길을 내밀기 시작한다.

성장 마인드셋을 지녀야
성장한다

우리는 자신의 믿음만큼 성장한다.

자신의 능력이 고정되었다고 믿는 사람은 작은 실패 앞에서도 발걸음을 멈춘다. 그러나 성장을 믿는 사람은 시련을 다음 단계로 나아가기 위한 유용한 학습의 도구로 삼는다.

우리의 뇌는 경험과 그에 대처하는 태도에 따라 스스로 구조를 바꾸는 '신경 가소성'을 지니고 있다. 새로운 도전에 직면할 때마다 신경 회로는 재구성되며 한 단계 더 진화한다.

심리학자 캐럴 드웩은 말한다.

"아직 못하는 것이지, 결코 안 되는 것이 아니다."

한 줄의 지혜

마음을 움츠리면 벌레가 되고,
마음을 펼치면 붕새가 된다.

행동하는 사람이
존중받는다

백 마디 말보다 작은 몸짓 하나가 세상을 움직인다.

대중은 화려한 감언이설보다 솔선수범하는 실천력에 마음을 연다.

진정한 권위는 높은 지위나 목소리가 아니라, 남들이 주저할 때 먼저 소매를 걷어붙이는 태도에서 비롯되기 때문이다.

실천은 책임감에 대한 마음의 자세이자, 내가 어떤 사람인지 보여주는 가장 명료한 언어이다.

존중받고 싶다면 먼저 움직여라. 행동하는 나의 뒷모습이 곧 나의 품격이다.

정신분석학자이자 작가인 시어도어 루빈은 말한다.

"행동은 말보다 진실을 잘 나타내기 마련이다."

한 줄의 지혜

존경은 귀가 아닌 마음에서 우러난다.

경청은
소통의 시작이다

경청은 단순히 타인의 말을 듣는 수동적 행위가 아니다. 내가 지금
소통할 준비가 되어 있음을 온몸으로 증명하는 능동적 태도다.
설득의 기본 또한 경청이다. 상대의 생각과 감정을 있는 그대로 받
아들이고, 충분히 이해하고 있음을 전달하는 '공감적 경청'은 깊은
신뢰를 준다.
의미 있는 대화와 설득은 신뢰의 토대 위에서만 가능하다.
《성공하는 사람들의 7가지 습관》의 저자 스티븐 코비는 현대인의
소통 방식에 대해 이렇게 지적한다.
"대부분의 사람은 이해하기 위해 듣지 않고, 대답하기 위해 듣는다."

한 줄의 지혜

지혜로운 자는 귀를 열어 신뢰를 얻고,
어리석은 자는 입을 열어 기회를 잃는다.

진짜 공부를
계속하라

흐르는 물은 스스로 정화하기에 절대 썩지 않는다. 사람의 지식 또한 물과 같아서, 한곳에 안주하면 혼탁해지며 이끼가 끼기 마련이다. 우리가 아는 상식의 절반이 오류로 판명되는 데 걸리는 '지식의 반감기'는 생각보다 짧다. 평균 7~13년이라는 반감기를 거치면 전문 지식의 절반은 더 이상 유효하지 않다. 한때 태양계의 행성이었던 명왕성이 '왜행성'으로 재분류된 것처럼 지식의 세계는 끊임없이 재편된다.

편안함에 안주하는 순간, 우리는 세상의 중심에서 멀어진다. 진정한 성장은 자신의 결핍을 인정하는 데서 시작된다. 세상은 매일 업그레이드되고 있다. 미래에도 주인공으로 남고 싶다면 '진짜 공부'를 하라. '부두의 철학자' 에릭 호퍼는 말한다.

"격변의 시대에는 끊임없이 배우는 자들이 미래를 물려받는다. 배움을 멈춘 자들은 대개, 이미 지나가 버린 세상에나 걸맞은 기술을 갖추고 있을 뿐이다."

한 줄의 지혜

낡은 열쇠로는 새로운 세계의 문을 열 수 없다.

협상할 때는
상대방의 입장도 헤아려라

협상은 승패를 가르는 전쟁이 아니라 동행을 위한 세심한 조율이다. 칼자루를 쥐었다고 해서 상대를 궁지로 몰아넣는 무자비한 협상은 당장의 이익을 가져다줄지 몰라도, 결국 적을 만들어 미래의 기회를 차단한다.

유리한 위치에 있다면 한 걸음 양보하자. 소인은 눈앞의 이익을 탐하지만, 대인은 사람의 마음을 얻어 내일을 도모한다.

돈을 잃으면 다시 벌 수 있으나, 인심을 잃으면 재기할 기회조차 사라진다.

《협상의 법칙》의 저자 허브 코헨은 말한다.

"가장 훌륭한 협상은 상대방이 스스로 승리했다고 느끼게 하는 것이다."

한 줄의 지혜

상대에 대한 배려가 없는 협상은 협상이 아니라 일종의 고문이다.

문제점을 지적하기보다
해결책을 제시하라

문제점은 누구나 지적할 수 있지만, 해결책은 준비된 사람만이 제시할 수 있다.

성취를 이루고 싶다면 '왜 이런 일이 일어났지'라며 자책하기보다 '어떻게 해결할 것인가?'에 초점을 맞추고 역량을 쏟아부어야 한다.

자칫하면 우리는 해결책을 고민하는 대신 너무도 쉽게 비판만 하는 '문제의 일부'가 되고 만다. 말을 입 밖으로 내뱉기 전에 한 번 더 생각해 보자. 지금 내 입안에 맴도는 말이 비난인지, 해결책인지.

미국 인권 운동가 엘드리지 클리버는 말한다.

"당신이 해결책의 일부가 아니라면, 당신은 문제의 일부다."

한 줄의 지혜

**구덩이에 빠졌을 때 필요한 것은 삽이 아니라,
빠져나갈 수 있는 사다리다.**

시간

시간이라는 자산을 어떻게 쓸 것인가

우리가 가진 삶이 짧은 것이 아니라,
우리가 그 삶의 많은 부분을 낭비하는 것이다.

– 세네카

삶의 우선순위를 정하면
갈등을 줄일 수 있다

인생은 매 순간 선택의 연속이다. 그 선택 속에는 '한정된 시간이라는 자산을 어디에 투입해야 하는가?'라는 물음에 대한 답도 포함되어 있다.

시간에 쫓기다 보면 눈앞의 급한 일에 전전긍긍하느라, 정작 중요한 문제를 뒷전으로 미루게 된다. 삶의 우선순위는 인생에서 가치 있는 일을 먼저 실천하기 위한 핵심 전략이다.

미국 제34대 대통령 아이젠하워는 모든 일을 '중요성'과 '긴급성'이라는 두 축으로 나누었다. 중요하고 긴급한 일, 중요하지만 긴급하지 않은 일, 중요하지 않지만 긴급한 일, 중요하지도 않고 긴급하지도 않은 일로 분류해서, 순서대로 처리했다.

독일의 대문호 괴테는 말한다.

"가장 중요한 일들이 결코 덜 중요한 일들에 의해 좌우되어서는 안 된다."

한 줄의 지혜

어리석은 사람은 시간에 쫓기지만
현명한 사람은 시간을 조율한다.

시간은 6분 단위로
관리하라

대형 로펌의 변호사들은 '타임 시트'를 작성할 때 시간을 6분 단위로 잘게 쪼개어 기록한다. 자신의 전문성을 제공한 대가를 소수점 단위까지 정밀하게 계산하여 청구하는 것이다. 이는 단순히 비용 문제를 넘어, 시간을 얼마나 치열하게 관리하고 있는지를 보여주는 지표이기도 하다.

시간은 인간이 가진 유일한, 그리고 가장 공정한 자본이다. 6분을 소중히 여기는 사소한 습관이 쌓여 훗날 거대한 성취로 이어진다. 무의미하게 흘려보내는 시간을 기록하고 통제하라. 작은 모래알을 뭉쳐서 벽돌을 만들고, 그 벽돌을 쌓아 웅장한 성을 짓듯, 우리가 물처럼 흘려 버리는 시간만 잘 관리해도 어느 분야에서든 성공할 수 있다.

에드워드 영은 자신의 저서 《밤의 사색》에서 말한다.

"시간을 죽이는 것은 살인이 아니라 자살이다."

한 줄의 지혜

헛되이 흘려보낸 시간은 반드시 부메랑이 되어
돌아와 결정적인 순간에 발목을 잡는다.

나의 시간을 타인에게
양도하지 않는 법

시간은 되돌릴 수도, 사고팔 수도 없는 한정된 자산이다.

그러나 우리는 타인의 요청과 기대 앞에서 이 소중한 자산을 너무도 쉽게 양도한다. 나의 시간을 지키는 힘은 확고하면서도 예의 바른 '경계 설정'에서 나온다.

거절은 상대를 밀어내는 무례가 아니라, 내 인생을 보호하기 위한 자기 존중이다. 타인을 배려하는 마음은 고귀하지만 그 배려가 나의 한정된 인생을 갉아먹는 벌레가 되도록 방치해서는 안 된다.

거절에 취약하다면 오늘부터 "No!"라고 말하는 연습을 해 보자.

파울로 코엘료는 말한다.

"타인에게 'Yes'라고 말할 때, 당신 자신에게 'No'라고 말하고 있는 것은 아닌지 항상 확인하라."

한 줄의 지혜

거절하지 못하는 순간의 망설임은 짧지만
그 대가는 길고 고통스럽다.

미루는 습관과
이별하기

미루는 습관은 내 인생이라는 지갑에서 소중한 시간을 훔쳐가는 도둑이다.

무언가 해야 한다는 생각이 드는 순간, 멜 로빈스의 '5초의 법칙'을 활용해 보자. 로켓이 발사되듯 거꾸로 "5, 4, 3, 2, 1" 숫자를 센 뒤 곧바로 몸을 움직이는 것이다.

뇌가 망설일 틈을 주지 않고 행동으로 바로 연결하는 이 단순한 기술만으로도 미루는 습관과 영영 이별할 수 있다.

마틴 루서 킹 목사는 언제 행동해야 하는지에 대해서 이렇게 조언한다.

"옳은 일을 하기에 가장 적절한 때는 언제나 바로 지금이다."

한 줄의 지혜

적합한 시기를 기다리기에는
우리의 인생이 너무 짧다.

의지력을 아껴 주는
자동화 시스템

우리의 의지력은 무한한 샘물이 아니라, 쓸수록 고갈되는 배터리와 유사하다. 뇌의 전두엽이 선택과 결정을 위해 에너지를 다 써 버리면 익숙한 게으름에 굴복하고 만다.

따라서 소중한 에너지를 갉아먹는 '선택 피로'를 줄여야만 정말 필요한 곳에 의지력을 투입할 수 있다. 그 비결은 반복되는 행동을 뇌의 습관 중추(기저핵)에 저장해, 무의식적인 습관으로 만드는 것이다.

예를 들어 '일어나면 곧바로 물 한 잔 마시기'처럼, 'A를 하면 B를 한다'는 식의 조건부 계획을 세워라. 이러한 계획은 뇌가 고민하지 않고 즉각 실행 모드로 진입하게 도와준다.

《의지력의 재발견》의 저자 로이 바우마이스터는 말한다.

"의지력은 단순한 심리적 결단이 아니라, 실제로 에너지를 소모하는 한정된 신체 자원이다."

한 줄의 지혜

가치 있는 인생을 살고 싶다면 선택 피로를 줄여,
의지력을 가치 있는 곳에 사용하라.

시간의 양보다
질로 승부하라

책상 앞에 오래 앉아 있다고 해서 반드시 공부를 잘하는 것이 아니듯, 근로 시간과 성과가 비례하는 것은 아니다. 중요한 것은 시간의 양이 아니라 집중의 밀도다. 뇌가 깊은 집중에 빠지는 '몰입' 상태에서는 시간 대비 몇 배의 생산성을 낳기 때문이다.

완전한 몰입을 위해서는 의도적인 환경 조성이 필수다. 스마트폰 알림을 끄고 물리적 방해 요소를 차단하여 뇌가 몰입 상태에 진입하도록 유도하라. 또한 정신이 가장 맑은 자신만의 '골든 타임'을 찾아서 활용하면 시간의 질을 획기적으로 높일 수 있다.

《딥 워크》의 저자 칼 뉴포트는 말한다.

"집중력이 곧 지적 생산성의 새로운 화폐다. 주의 산만한 세상에서 몰입할 수 있는 능력은 희귀해진 만큼 훨씬 더 큰 가치를 지닌다."

한 줄의 지혜

바보는 산만하고, 천재는 몰입한다.

휴식도 소중한 자산이다

휴식은 단순한 멈춤이 아니다. 기계도 과열되면 잠시 멈춰야 하듯, 인간의 뇌도 재충전의 시간이 반드시 필요하다. 깊은 휴식 뒤에 찾아오는 통찰은 쉬지 않고 일할 때는 결코 만날 수 없는 창조적 가치를 빚어낸다.

잘 쉬는 것 또한 투자이며 실력이다. 지속 가능한 성장을 원한다면 의도적으로 멈춤의 시간을 가져라.

7년마다 1년의 안식년을 갖는 것으로 유명한 세계적인 디자이너 스테판 사그마이스터는 고백한다.

"내가 얻은 최고의 아이디어들은 책상 앞이 아니라, 안식년을 선포하고 발길 닿는 대로 떠났던 휴식 중에 나왔다."

한 줄의 지혜

**잘 벼려 놓은 낫이 수확의 즐거움을 주듯,
휴식은 성장의 즐거움을 준다.**

화술

마음을 끌어당기는 대화법

커뮤니케이션은 배울 수 있는 기술이다.
자전거 타기나 타이핑과 같다.
누구나 노력하면 삶의 질을 빠르게 높일 수 있다.

– 브라이언 트레이시

첫인상이
대화의 절반을 결정한다

대화는 첫마디가 아닌, 서로의 시선이 마주치는 그 순간부터 시작
된다.

첫인상은 잠재의식에 깊이 각인된다. 인간의 뇌는 단 7초 만에 호
감과 신뢰를 판단하는 필터를 작동시키는데, 이 순간을 지배하는
것은 눈빛과 미소, 태도다.

"안녕하세요, 만나서 반갑습니다."

비록 평범한 인사라고 해도 따뜻한 시선, 부드러운 미소, 존중하는
태도가 담기면 굳게 닫힌 마음의 빗장이 풀리기 시작한다.

미국 영화배우 윌 로저스는 첫인상의 중요성을 이렇게 강조한다.

"당신에게 첫인상을 남길 두 번째 기회는 없다."

한 줄의 지혜

첫인상에서 얻은 호감은
이후 모든 대화의 배경 음악이 된다.

말 속에 숨겨진
본심을 읽어라

사람들은 대화할 때 본심을 직접적인 단어로 표출하기보다 말투나 표정, 무심결에 던진 문장 사이에 숨기곤 한다. 진짜 하고 싶은 말을 알아내려면 쏟아지는 말에 현혹되지 말고, 그 이면에 숨겨진 감정에 주파수를 맞춰야 한다.

예를 들어 상대가 "됐어, 나 혼자 할 수 있으니까 신경 쓰지 마"라고 말해도, 어조와 몸짓을 살피면 서운함이나 도움을 요청하기 미안한 마음을 어렵지 않게 읽어낼 수 있다.

그럴 때는 "혼자서 하기는 벅차 보여서 그래. 이것만 도와줄게"라며 다가가면 상대의 마음을 얻을 수 있다.

피터 드러커는 말한다.

"대화에서 가장 중요한 기술은 말하지 않은 것을 듣는 것이다."

한 줄의 지혜

귀를 열면 목소리만 들리지만
마음의 눈을 뜨면 본심이 보인다.

논리가 아닌
감정에 호소하라

설득은 이성의 영역이 아닌 감정의 영역이다. 완벽한 논리로 상대를 무너뜨릴 수는 있어도, 마음까지 얻을 수는 없다. 사람은 자신의 감정을 인정받은 뒤에야 비로소 상대의 논리를 받아들일 준비를 한다. 대화의 목적은 상대를 굴복시키는 것이 아니라 마음을 얻기 위함이다. 상대는 해결책보다는 자신의 감정을 알아주는 따뜻한 말 한마디를 간절히 원한다.

"정말 속상했겠다."

"충분히 그럴 수 있어."

공감이 선행될 때 비로소 진정한 대화가 시작된다. 진솔한 대화는 머리와 머리의 싸움이 아니라 눈에 보이지 않는 마음과 마음의 만남이다.

《마음 가면》의 저자 브레네 브라운은 말한다.

"우리는 공감을 통해 타인과 연결된다."

한 줄의 지혜

마음을 얻지 못하면, 논리가 아무리 훌륭해도
고독한 외침에 불과하다.

닫힌 마음을 여는
마법의 열쇠

화술의 대가는 말을 잘하는 사람이 아니라, 상대가 말을 잘하도록 이끄는 사람이다.

대화가 겉돌거나 상대의 마음이 굳게 닫혀 있다면 내 주장을 멈추고 '질문'을 던져야 한다. 질문은 잠자던 상대의 생각을 깨우고 의식을 확장하는 강력한 도구다.

단답형의 대답만 유도하는 '했어?'나 '맞아?'와 같은 폐쇄적 질문으로는 마음을 열 수 없다. '어떤 점이 가장 힘들었나요?'나 '그 순간 어떤 느낌이 들었나요?'와 같은 열린 질문만이 상대 스스로 답을 찾아 마음의 빗장을 풀게 한다.

19세기 영국 빅토리아 시대 사교계의 명사였던 레이디 도로시 네빌은 말한다.

"훌륭한 대화를 나누고 싶다면 적절한 말을 건네려고 하기보다, 부적절한 말을 하고 싶은 유혹을 참아야 한다. 그리고 상대가 빛나도록 좋은 질문을 던져야 한다."

한 줄의 지혜

훌륭한 질문은 지식을 뽐내는 지루한 게임을,
닫힌 마음을 여는 대화의 예술로 승화시킨다.

존재 가치를 높여 주는
칭찬의 기술

잘 보이기 위한 막연한 칭찬은 오히려 상대의 의심을 살 수 있다. 상대의 마음을 움직이고 싶다면 결과보다 과정을, 외모보다 태도를 칭찬하라.

"참 잘했어요"라는 모호한 말보다 "그 일을 완수하는 과정에서 보여준 당신의 창의력과 세심한 배려가 인상적이었습니다"와 같이 구체적인 근거를 들어야 한다.

구체적인 칭찬은 상대가 미처 깨닫지 못했던 자신의 강점을 스스로 일깨운다. 이러한 칭찬을 받으면 존재 자체를 인정받았다고 느껴, 칭찬을 건넨 이에게 깊은 신뢰를 보내게 된다.

처세의 달인이라 불렸던 벤저민 프랭클린은 말한다.

"허물은 덮어주고 장점은 칭찬하라."

한 줄의 지혜

**평범한 칭찬은 기분을 좋게 하지만,
구체적인 칭찬은 삶을 변화시킨다.**

관계를 해치지 않고
정중하게 선긋기

화술의 완성은 무조건적인 수용이 아니라, 품격 있는 거절에 있다. 타인의 요청을 거절할 때는 감정을 섞지 않고, 상황과 사실만을 담백하게 전달해야 한다.

"미안하지만 안 돼요!"라는 단호한 말보다, "지금은 제 여력이 부족하여 도움을 드리기 어렵습니다"와 같이 나의 상태를 정중하게 설명하라.

이러한 거절은 상대에 대한 거부가 아니라 제안에 대한 자신의 상황을 알리는 것이기에 상대 또한 큰 거부감 없이 받아들인다.

작가이자 교육가인 캐롤라인 플레이스티드는 말한다.

"항상 '예'라고 말하지 말고, '아니요'라고 말하는 법을 배워라. 당신은 '아니요'라는 말을 통해 사람들로부터 존중받게 될 것이다."

한 줄의 지혜

정중한 거절은 관계의 끝이 아니라,
건강한 관계의 시작을 알리는 북소리다.

여운을 남기는
마지막 인사

대화에서 첫인상이 그 방의 온도를 결정한다면 마지막 인사는 다음 만남에 대한 기대를 품게 한다. 아무리 즐거운 대화였어도 마무리가 소홀하거나 형식적이라면, 만남의 기억은 금세 흐릿해진다. 상대가 나와의 만남을 소중하게 간직하길 바란다면, 대화가 끝난 뒤에도 여운이 머물도록 '마지막 1분'에 정성을 들여야 한다.

"그럼 다음에 봐요"라는 인사말은 지극히 상투적이어서 앞에 나눈 대화마저 잊게 한다.

"덕분에 많이 웃고 갑니다. 우리 다음에 또 이런 이야기 나눠요."

진심 어린 따뜻한 시선과 함께 건네는 이러한 인사말은 마음속 깊이 각인된다. 단순한 작별 인사가 아니라, '당신과의 대화가 나에게는 가치 있었다'는 확실한 메시지이기 때문이다.

미국 시인이자 인권 운동가 마야 안젤루는 말한다.

"사람들은 당신이 한 말과 행동은 잊을지 모르지만, 당신이 그들에게 어떤 기분을 느끼게 했는지는 결코 잊지 않을 것이다."

한 줄의 지혜

좋은 대화는 마지막 인사말을 건네고
돌아서는 순간 비로소 완성된다.

관계

쓰다 보면 몸에 배는
나를 변화시키는
좋은 습관

인생의 온도를 높이는 관계의 재구성

내가 먼저 행복해지고 나서
다른 사람을 만나야 서로 더 행복해진다.

– 윌 스미스

나 자신과의 관계
재정립하기

모든 관계는 언제나 나와의 관계에서부터 출발한다. 세상과 연결되기 위해서는 반드시 '나'라는 통로를 거쳐야 하기 때문이다. 나 자신을 사랑하지 못하는 사람은 타인과의 관계에서도 늘 결핍을 느끼며, 결국 그 관계를 불안하게 만든다.

나 자신과의 관계 재정립은 내면의 목소리에 귀 기울이는 자기 이해에서 시작된다. 나의 결점까지 포용하는 자기 수용의 과정을 거칠 때, 비로소 우리는 가면을 벗고 타인에게 진실하게 다가가는 자기 개방의 용기를 얻는다.

《지금 이 순간을 살아라》의 저자 에카르트 톨레는 단언한다.

"우리가 타인과 맺는 관계는 우리 자신과 맺는 관계의 반영일 뿐이다."

한 줄의 지혜

나를 이해하고 사랑하는 것이
진정한 관계의 시작이다.

함께 성장하는
관계의 기술

성공적인 관계는 공동의 비전을 향해 나아갈 때 완성된다.

혈연이나 개인적 친분 같은 감정적 신뢰보다 강력한 것은 꿈을 공유하는 이성적 신뢰다. 인류 역사에서도 각기 다른 능력을 지닌 이들이 비전을 중심으로 뭉쳤을 때 생존 확률과 성과가 비약적으로 높아졌다.

꿈과 미래를 함께 그리는 순간, 우리 뇌는 서로 동조하며 협업과 몰입을 극대화한다. 서로의 성장을 자극하는 동행은 인생의 지평을 넓히는 현명한 투자다.

소설가 로버트 루이스 스티븐슨은 이렇게 말한다.

"우리는 이 세상이라는 황야를 걷는 여행자이며, 여행 중에 발견할 수 있는 가장 훌륭한 선물은 진실한 친구다."

한 줄의 지혜

같은 곳을 바라보는 사람과 나란히 걸을 때,
걸음의 속도는 배가 된다.

공감의 대지 위에 피는
신뢰의 꽃

신뢰의 꽃은 '공감'이라는 비옥한 대지에서만 피어난다.

신뢰를 지탱하는 세 가지 기둥은 선의, 능력, 그리고 고결함이다. 그중에서도 가장 먼저 마음의 문을 여는 열쇠는 나의 이익보다 상대의 안녕을 진심으로 고려하는 '선의'이며, 그 핵심에는 언제나 따뜻한 공감이 자리 잡고 있다.

공감은 단순히 감정을 이해하는 차원을 넘어, 상대에게 안전함과 존중받고 있다는 확신을 주는 강력한 힘이다. 타인을 향한 진심 어린 이해가 전달될 때, 신뢰는 어떤 가혹한 환경에서도 쉽게 시들지 않는 생명력을 얻는다.

미국의 작가 리타 메이 브라운은 말한다.

"신뢰는 마음의 평화와 함께 자존감을 높여 준다."

한 줄의 지혜

신뢰할 수 있는 사람은 좋은 시절을 함께 보낸 사람이 아니라, 내가 넘어졌을 때 기꺼이 손을 내밀어 주는 사람이다.

도움이 필요할 때
손을 내미는 법

살다 보면 누군가에게 도움을 청해야 할 때가 있다. 하지만 무작정 손을 내밀 경우 오히려 관계가 난처해질 수도 있다.

도움을 요청하기 전에 먼저 나의 문제를 명확히 정의하고, 상대가 기꺼이 도울 수 있는 적절한 시점을 살피는 배려가 필요하다. 또한 요청은 구체적이고 실현 가능한 범위를 제시하되, 과도한 기대는 경계해야 한다. 기대가 과도하면 상대는 이를 '책임'으로 느껴 부담을 가질 수 있다.

도움을 받은 후 전하는 진심 어린 감사와 피드백은 상대의 존재 가치를 일깨우며, 관계의 아름다운 선순환을 만든다.

로마의 황제이자 철학자인 마르쿠스 아우렐리우스는 말한다.

"부끄러워하지 말고 도움을 청하라. 당신은 성벽으로 돌진하는 병사처럼 임무를 완수해야 한다. 만약 다쳐서 혼자 힘으로 오를 수 없을 때, 전우가 끌어올려 주어야만 그 벽을 넘을 수 있다면 어쩌겠는가?"

한 줄의 지혜

> 물에 빠졌을 때 상대를 필사적으로 붙잡고 늘어지면 함께 익사한다.

무례한 사람으로부터
나를 지키는 기술

세상에는 타인의 경계를 함부로 넘나드는 무례한 이들이 존재한다.
그들의 거친 언행에 똑같이 대응하는 것은 우리의 귀한 에너지를
낭비하는 일이다. 진정한 방어는 감정적 맞대응이 아니라, 나를 보
호할 수 있는 단단한 심리적 경계선을 긋는 데서부터 시작된다.
무례함은 상대의 부족한 인격의 산물이므로, 상처받지 말고 담담
히 흘려 버려라. 침묵으로 대응해도 좋지만 선을 넘는 발언에는 단
호하면서도 정중하게 거절의 의사를 밝히는 용기가 필요하다.
무례한 행동은 자신의 불안이나 취약함을 가리기 위한 방어 기제
로 나타나기도 한다.
길 위의 철학자라 불리는 에릭 호퍼는 말한다.
"무례함이란 약자가 강함을 흉내 낼 때 나타난다."

한 줄의 지혜

현명한 사람은 겁먹은 개가 짖는다고 해서
마음의 평안을 잃지 않는다.

착한 사람 콤플렉스에서
벗어나기

좋은 사람이 되는 건 소중한 가치지만, 모두에게 좋은 사람이 되려는 욕심은 오히려 스스로를 '타인의 기대'라는 감옥에 가두게 된다. 착함은 나의 선택이어야지 타인을 위한 희생의 의무가 되어서는 안 된다. 사랑받기 위해 나를 소모하거나, 상대의 기분을 맞추느라 나 자신을 소외시키지 마라.

진정으로 사랑받고 싶다면 나의 감정을 먼저 돌볼 줄 알아야 한다. 내가 먼저 행복해지고 단단해져야 사랑도 나눠줄 수 있는 법이다. 나에 대한 존중의 시작은 무리한 요구에 단호하게 거절의 의사를 밝힐 수 있는 용기다.

현대 심리학의 거장 알프레드 아들러는 단언한다.

"모든 사람에게 미움받지 않으려는 노력은 가장 헛된 에너지 낭비다."

한 줄의 지혜

모두에게 좋은 사람은 나 자신에게는 물론이고,
그 누구에게도 좋은 친구가 아니다.

당신은 나의
소중한 사람입니다

관계는 거창한 약속보다 사소한 배려를 먹고 자란다.

진심은 행동을 동반하기 마련이다. 허울 좋은 말보다는 시간과 에
너지를 들여 가치를 증명할 때 관계는 한층 단단해진다.

사소한 배려, 감사 표현하기, 비전 공유, 행복한 추억 소환, 깜짝 선물
하기 등은 작은 관심으로 관계를 성장시키는 효과적인 방법이다.

오늘은 곁에 있는 소중한 사람의 손을 잡으며, 잊지 말고 말해 주자.

"당신은 나의 가장 소중한 사람입니다."

레프 톨스토이는 말한다.

"참된 사랑은 상대방을 위한 희생과 서로를 위한 노력으로 완성된다."

한 줄의 지혜

보석처럼 찬란하고 아름다운 마음도
표현하지 않으면 먼지에 불과하다.

성장

어제보다 더 나은 사람 되기

쓰다 보면 몸에 배는
나를 변화시키는
좋은 습관

변화는 고통스럽지만
변하지 않은 채 머물러 있는 것은 더 고통스럽다.

– 맨디 헤일

어제의 나를 넘어서는
작은 습관

성장은 거창한 결심이 아니라, 뇌의 회로를 재설계하는 '사소한 습관'에서 시작된다.

심리학자 칼 웨이크의 '작은 승리의 법칙'에 따르면 너무 큰 목표는 중도 포기를 부르지만, 아주 작은 성공은 도파민을 분출시켜 '나는 할 수 있다'는 자기 효능감을 높여 준다.

새로운 경험은 우리의 정체성을 확장한다. 익숙한 출근길 바꾸기, 모르는 주제를 5분이라도 학습하기와 같은 사소한 도전은 뇌의 신경 가소성을 자극해 생각의 틀을 바꾼다.

진정한 성장은 거대한 도약이 아니라, 일상에서 자신의 경계를 끊임없이 재정의하는 작은 습관의 축적이다.

미국의 기업가 헨리 포드는 말한다.

"누구든 배움을 멈춘 사람은 늙은 것이다. 계속 배우는 사람은 언제나 젊음을 유지한다."

한 줄의 지혜

큰 산을 옮기려는 사람은
작은 돌멩이 하나를 옮기는 데서부터 시작한다.

잠든 호기심을
깨우는 법

성장이 멈추었다는 의심이 든다면 호기심이 잠들어 있는 것은 아 닌지 살펴봐야 한다. 심리학에서 호기심은 단순히 궁금해하는 마음 을 넘어, 뇌의 보상 체계를 자극하는 강력한 내적 동기다. 새로운 정 보에 노출될 때 뇌의 해마는 활성화되며 학습 능력을 극대화한다.

잠든 호기심을 깨우려면 '당연함'에 '왜?'라는 질문을 품어라. 익숙 한 풍경 속에서 새로운 디테일을 찾는 관찰이나, 타인의 생각에 귀 기울이는 태도가 뇌의 회로를 자극한다.

호기심은 미지의 영역에 대한 불안을 설렘으로 바꾸는 심리적 연 금술이며, 이를 통해 우리는 매일 더 넓은 세상을 향해 나아간다.

인지발달이론의 창시자 장 피아제는 말한다.

"배움은 세계와의 능동적인 상호작용에서 시작되며, 인지적 불균 형을 해결하려는 노력이 성장의 본질이다."

한 줄의 지혜

물음표가 사라진 인생은
더 이상 성장을 기대할 수 없다.

지식을 넘어서
지혜로

아무리 훌륭한 이론도 일상의 행동으로 이어지지 않으면 박제된 지식에 불과하다.

지혜는 지식을 체화하여 삶의 방식으로 구현할 때 비로소 완성된다. 심리학에서는 이를 '실천적 지능'이라 부른다.

지식은 소유지만 지혜는 삶 속에서 빛을 발한다. 오늘 배운 문장 하나를 나의 태도에 녹여낼 때, 비로소 성장은 관념을 넘어 실체가 된다.

러시아의 대문호 안톤 체호프는 말한다.

"지식은 실천으로 옮겨지지 않으면 아무런 가치가 없다."

한 줄의 지혜

한 수레의 독서보다 가치 있는 것은
지식을 활용한 한 번의 경험이다.

성장의
동반자 찾기

혼자 가면 빠르지만 함께 가면 멀리 간다.

성장 과정도 마찬가지다. 심리학의 '사회적 촉진' 이론에 따르면, 타인이 관찰하고 있다는 인식은 우리의 각성 수준을 높이고 과제 수행 능력을 증진시킨다.

같은 목표를 가진 동반자는 때로는 거울이 되어 나를 비추고, 때로는 페이스 메이커가 되어 지친 의지를 고취한다. 건강한 비판을 주고받으며 함께 나아가는 동료가 있다면, 성장은 외로운 투쟁이 아닌 즐거운 여정이 된다.

시력과 청력을 잃었지만 설리반 선생님을 만나 작가이자 사회 운동가로 활약했던 헬렌 켈러는 말한다.

"혼자서는 작은 일만 할 수 있지만, 함께라면 위대한 일을 할 수 있다."

한 줄의 지혜

좋은 동료는
나를 성장시키는 가장 훌륭한 스승이다.

결과보다
과정 중심 사고로의 전환

성장의 속도가 더디게 느껴진다면 결과라는 도착점만 바라보고 있는 것은 아닌지 점검해야 한다. 심리학자 캐럴 드웩에 따르면, 결과보다 과정에 집중하는 '성장 마인드셋'을 가질 때 우리는 실패를 좌절이 아닌 배움의 기회로 받아들인다.

결과 중심 사고는 성공과 실패라는 이분법적 판단에 갇혀 불안을 증폭시키는 반면, 과정 중심 사고는 '노력하는 자아' 그 자체에 가치를 둔다.

《몰입》의 저자 미하이 칙센트미하이는 말한다.

"과정에서 행복을 느끼지 못한다면, 결과에 도달해서 얻는 행복은 찰나에 불과하다."

결과는 어제까지의 기록이며,
과정은 오늘의 나를 만들어나가는 실체다.

가지치기가
성장 속도를 높인다

성장은 무언가를 채우는 과정인 동시에, 불필요한 것을 덜어내는 과정이다.

뇌과학에는 '시냅스 가지치기'라는 현상이 있다. 효율적인 정보 전달을 위해 쓰지 않는 회로는 과감히 정리하고, 필요한 곳에 에너지를 집중하는 최적화 작업이다.

우리의 삶도 마찬가지다. 핵심적인 목표에 집중하기 위해 덜 중요한 일들을 걸어내는 '심리적 가지치기'가 필요하다. 에너지를 한곳으로 모을 때 성장 속도는 가속화된다.

성장이 정체되어 있다면, 에너지를 갉아먹는 잔가지를 과감히 정리해야 할 때다.

르네상스 시대의 천재 레오나르도 다빈치는 단언한다.
"단순함은 궁극의 정교함이다."

한 줄의 지혜

살을 찌우기만 하면 비대해지고,
군살을 빼야 비로소 단단해진다.

실패는
성공의 데이터다

실패는 성공의 반대말이 아니라, 성공을 위한 필수 데이터다.

뇌과학의 '예측 오류' 이론에 따르면, 우리의 뇌는 기대와 다른 결과가 나왔을 때 기존의 신경 회로를 수정하고, 더 정확한 경로를 구축하기 위해 새로운 연결을 강화한다. 즉, 실패의 순간이야말로 뇌가 가장 폭발적으로 학습하는 시점이다.

실패를 결함이 아닌 '객관적인 정보'로 받아들이는 심리적 유연성이 필요하다. 정답이 아닌 길을 하나씩 지워 나갈 때, 우리는 비로소 정답에 가까워진다.

인류 역사상 가장 많은 실패를 경험했던 발명왕 토머스 에디슨은 말한다.

"나는 실패한 적이 없다. 그저 작동하지 않는 1만 가지 방법을 발견했을 뿐이다."

한 줄의 지혜

실패라는 퍼즐이 연결돼
결국 성공이라는 그림이 완성된다.

쓰다 보면 몸에 배는
나를 변화시키는
좋은 습관

실행

후회 없는 삶을 위하여

과거에 했던 일에 대한 후회는
시간이 지나면 희석될 수 있다.
하지만 하지 않은 일에 대한 후회는
그 무엇으로도 달랠 길이 없다.

– 시드니 J. 해리스

미루기 습관의
심리적 실체

중요한 일을 눈앞에 두고 미루는 것은 단순한 게으름이 아니다. 이는 불안을 회피하려는 뇌의 본능적인 방어 기제다. 심리학에서는 이를 '현재 편향'이라 부르는데, 먼 미래의 보상보다 현재의 편안함을 우선시하는 뇌의 성향 때문이다.

결국 미루기는 감정 관리의 문제다. 미루기 습관에서 벗어나려면 시작의 문턱을 낮추고, 완벽하지 않아도 된다는 자기 암시가 필요하다.

인간의 삶은 그 자체로 불안하다. 후회 없는 삶은 불안을 제거하는 것이 아니라, 불안을 기꺼이 껴안으며 일단 시작하는 용기에서 비롯된다.

《아티스트 웨이》의 저자 줄리아 카메론은 이렇게 말한다.

"미루는 것은 게으름이 아니라 두려움이다. 그것을 올바른 이름으로 부르고, 스스로를 용서하라."

한 줄의 지혜

미루기는 블랙홀처럼
내 인생의 소중한 시간과 기회를 빨아들인다.

완벽주의라는 이름의
함정

심리학에서 완벽주의는 실수를 두려워하는 '실수 민감성'이 지나치게 높아, 시작 자체를 망설이게 만드는 상태다. 완벽에 대한 강박은 실패에 대한 부정적 예측을 과도하게 활성화하며, 실행을 담당하는 전전두엽의 활동을 마비시킨다.

완벽주의의 함정에서 벗어나는 열쇠는 '충분히 좋은 결정'을 내리는 실용적 사고법이다. 100% 준비됐을 때가 아닌 80% 수준에서 일단 실행하고, 피드백을 통해 나머지 20%를 보완해 나가는 방식이다.

제2차 세계대전을 승리로 이끌었던 윈스턴 처칠은 단언한다.
"완벽함은 실행의 적이다."

한 줄의 지혜

완벽이라는 환상에 젖은 자는
그 어떤 성취도 이룰 수 없다.

행복을 갉아먹는,
하지 않은 것들에 대한 미련

우리는 실패가 아니라, 도전하지 않은 것에 대해 더 깊이 후회한다. 시도했다가 실패한 일은 '결과'라는 마침표를 찍고 뇌에서 정리되지만, 시작조차 하지 않은 일은 '미련'이라는 이름의 열린 결말로 남아, 끊임없이 정신적 에너지를 소모한다.

도전은 신경 가소성을 자극해 성장을 돕는다. 그러나 미련은 시간이 지날수록 '만약 그랬더라면'이라는 반추로 번져, 현재의 행복을 갉아먹는다.

마케팅 및 경영학 교수인 루이스 E. 분은 경고한다.

"인생에서 가장 슬픈 세 가지 말은 '했어야 했는데', '할 수 있었는데', '해야만 했는데'다."

한 줄의 지혜

**실패는 경험이라는 자산이 되고,
미련은 후회라는 부채로 남는다.**

2분이라는
마법의 시간

미루는 습관을 깨는 강력한 주문은 '2분만 해 보기'다.

일단 시작하면 뇌의 기저핵이 활성화되며 '작동 흥분' 상태에 진입한다. 이때부터는 오히려 멈추기가 더 어려워지는 심리적 관성이 발생한다. 2분이 경과하면 뇌는 '처리 가능한 과제'로 인식하고, 행동을 끝까지 지속하려 노력한다.

운동하기 싫을 때 '운동화 끈만 묶자'는 생각은 단순한 뇌의 속임수가 아니라, 행동에 시동을 거는 정교한 전략이다. 놀랍게도 단 2분의 시작이 뇌를 방어 모드에서 실행 모드로 전환한다.

월트 디즈니는 말한다.

"시작하는 방법은 말을 멈추고, 행동을 시작하는 것이다."

한 줄의 지혜

위대한 업적도 그 시작은 2분에서 출발한다.

시작은 지금,
수정은 나중에

우리의 뇌는 불완전한 시작을 두려워해서, 더 많은 정보 수집을 구실 삼아 미루기를 선택한다. 심리학에서는 이를 완벽한 조건에 집착하는 '준비성 함정'이라 부른다.

뇌의 신경 가소성은 정교한 계획보다, 빠른 실행을 통해 시행착오를 겪을 때 더욱 활발하게 일어난다. '지금 시작하고 나중에 수정하자'는 원칙 아래 행동을 개시하면, 뇌의 '피드백 루프'가 작동하며 정답을 찾아가는 최적화 모드로 전환된다. 심리학에서는 이를 점진적 개선이라 한다.

마크 저커버그는 실행의 본질에 대해 이렇게 말한다.

"완료하는 것이 완벽한 것보다 낫다."

한 줄의 지혜

완벽을 추구하면 완료할 수 없지만
완료를 추구하다 보면 완벽해진다.

몰입을 부르는
데드라인의 힘

우리의 뇌는 기한이 정해지지 않은 목표에 대해서는 효율적으로
작동하지 않는다.

'파킨슨의 법칙'에 따르면, 어떤 업무든 주어진 시간만큼 잠식당하
기 마련이다. 실행을 앞당기는 핵심 동력은 명확한 데드라인이다.
마감 시한이 다가오면 뇌는 비상 체제에 돌입하며 아드레날린과
노르아드레날린 같은 카테콜아민을 분비한다.

이러한 화학물질은 주의력을 극대화하고 전두엽의 정보 처리 속도
를 비약적으로 높여 '강제적 몰입' 상태를 만든다. 따라서 데드라인
의 의도적 설계는 뇌를 최적의 실행 모드로 전환하는 정교한 전략
이다.

재즈의 전설 듀크 엘링턴은 단언한다.

"나에게 필요한 것은 시간이 아니라, 마감 시간이다."

한 줄의 지혜

마감 없는 계획은 미완성으로 남고,
마감이 정해진 계획은 성취로 남는다.

오늘이 내 생의
마지막 날인 것처럼

우리의 뇌는 평소 '시간 풍요'라는 편향에 젖어 시간이 무한하다고 인식하며, 중요한 결정과 행동을 무기한 연기하곤 한다.

그러나 '오늘이 내 생의 마지막 날인 것처럼' 삶의 유한성을 직시하는 순간, 뇌의 생존 본능이 깨어난다. 비로소 무의미한 감정 소모를 차단하고, 가장 중요한 가치에만 집중한다.

뇌는 생존을 최우선으로 삼으므로, 죽음은 그 무엇보다 강력한 각성제다.

일찍이 시간의 가치를 깨달았던 벤저민 프랭클린은 경고한다.

"인생은 짧고, 시간은 빠르게 흐른다. 지금 행동하지 않으면 기회는 영원히 사라진다."

한 줄의 지혜

죽음을 삶의 끝에 놓은 건
오늘을 치열하게 살라는 신의 배려다.

Week

11

인내

흔들려도 꺾이지 않는 마음

쓰다 보면 몸에 배는
나를 변화시키는
좋은 습관

당신의 상처를 당신의 지혜로 만들어라.

- 오프라 윈프리

성장하려면 인내하라

뇌의 전전두엽은 눈앞의 본능적 충동을 억제하며 성장을 도모한다.
단기적 보상을 유보하고 장기적 가치를 선택하는 것을 심리학에서
는 '만족 지연' 능력이라고 부른다. 이는 단순한 참을성이 아니다.
미래를 위해 현재의 신경망을 재구조화하는 고도의 인지 활동이
자, 성장의 핵심 열쇠다.
포도주가 숙성되는 데 시간이 필요하듯, 우리의 뇌가 목표 달성에
최적화된 새로운 신경 회로를 구축하는 데는 반드시 인내의 시간
이 필요하다.
13세기 페르시아 시인 사디는 이렇게 말한다.
"인내는 모든 환희의 문을 여는 열쇠다."

한 줄의 지혜

동전의 양면처럼, 인내의 뒷면에는
성공이 새겨져 있다.

고통에는
유통기한이 있다

지금 지독한 어려움에 처해 있더라도, 그 고통은 오래 지속되지 않는다. 우리 뇌는 고통의 강도와 지속 시간을 실제보다 과대평가하는 경향이 있다. 힘든 시간이 끝없이 이어질 것만 같은 기분은 뇌가 만들어 낸 일종의 착시 현상일 뿐이다.

폭풍우가 지나가고 나면 반드시 맑은 하늘이 드러나기 마련이다. 현재 상황을 받아들이고 해석하는 관점부터 바꿔야 한다.

뇌가 부정적 감정을 처리하고 나면 비로소 새로운 길이 열린다. 참을 수 없이 불편했던 감정도 급속도로 무뎌진다.

영국 낭만주의 시인 셸리는 이렇게 노래한다.

"겨울이 오면 봄이 멀지 않으리."

한 줄의 지혜

고통은 영원히 머물 것 같아도,
때가 되면 철새처럼 흔적도 없이 사라진다.

불편함과 친해지기

성장통은 나를 변화시키기 위한 필수 요소다. 불편함은 실패의 증거가 아니라, 익숙한 영역을 벗어나 확장되고 있다는 신호다.

헤르만 헤세의 《데미안》에 나오듯, 성장하려면 '알'이라는 기존의 세계를 깨야 한다. 새로운 역량을 습득할 때 느껴지는 어색함과 불편함은 우리 뇌가 업그레이드되고 있다는 가장 확실한 증거다.

불편함을 회피하기보다, 그 감정을 관찰하고 수용하라. 답답하게 느껴질지 몰라도, 우리 뇌는 성장을 위한 치열한 도전 중이다.

전 IBM 최고경영자 지니 로메티는 말한다.

"성장과 편안함은 결코 공존할 수 없다."

한 줄의 지혜

**불편함은 새로 산 구두 같아서,
처음에는 어색해도 익숙해지면 걷는 기쁨을 준다.**

딱 한 걸음만
더 걷자

한계에 다다르면 우리 뇌는 에너지 고갈을 경고하며, 포기하라는 강력한 신호를 보낸다. 그러나 심리학에서는 이 지점을 역량의 끝이 아니라, 기존의 역량을 뛰어넘기 직전의 임계점으로 해석한다. 이때 필요한 것은 '딱 한 걸음만 더'라는 마음가짐이다. 포기 직전의 한 걸음은 의지의 경계를 넓히는 결정적인 계기가 된다. 마음을 추슬러 한 걸음 더 내딛는 순간, 뇌의 보상 회로가 자극되어 자기 효능감이 강화되고 성취감은 극대화된다.

나폴레옹은 말한다.

"승리는 가장 끝까지 견디는 자에게 돌아간다."

한 줄의 지혜

포기하고 싶은 마음이 굴뚝같다면,
정상에 거의 다 왔다는 강력한 신호다.

조급함을 다스리는
기다림의 기술

우리 뇌는 불확실한 상황을 위협으로 인식한다. 그 때문에 결과를 빨리 확인하여 불안을 해소하려는 '조급함'이라는 본능을 촉발한다. 그러나 심리학에서는 진정한 인내를 아무것도 하지 않는 멈춤이 아니라, 목표를 향한 감정의 속도를 조절하는 정교한 기술로 정의한다. 뇌가 불안에 잠식되지 않도록 의식적으로 호흡을 가다듬는 것만으로도, 상황을 객관적으로 통제할 수 있는 심리적 여유를 얻을 수 있다.

과일이 무르익기 위해서는 성숙의 시간이 필요하다. 성장은 보이지 않는 뿌리에서부터 시작되기 때문이다.

마하트마 간디는 인내의 가치에 대해 이렇게 역설한다.

"인내를 잃는 것은 곧 전투에서 지는 것과 같다."

한 줄의 지혜

서두름은 실수를 낳지만,
지혜로운 기다림은 기회를 완성한다.

나를 일으켜 세우는
반복의 힘

특정 행동을 반복하면 우리의 뇌에는 시냅스가 조밀하게 연결되며 새로운 신경망이 형성된다. 이 과정이 익숙해지면 굳이 애쓰지 않아도 저절로 수행되는 '자동화 모드'로 전환된다.

인내는 거창한 인고의 과정이 아니다. 의지는 쉽게 무너지지만, 반복은 뇌 속에 일정한 패턴으로 각인되어, 최소한의 에너지로 나를 움직이게 한다.

작은 반복이 쌓여 견고한 일상이 되면, 어떤 시련이 와도 다시 일어설 수 있는 회복 탄력성이 생긴다.

고대 로마 시인 오비디우스는 반복의 위력에 대해 이렇게 말한다.

"낙숫물이 바위를 뚫는 것은 물방울의 힘이 아니라 오로지 반복 덕분이다."

한 줄의 지혜

위대한 변화는 사소한 반복의 축적 속에 숨겨져 있다.

끝까지 살아남는 자가
승리자다

우리 뇌는 극심한 변화 속에서도 평형을 유지하려는 '항상성'을 지니고 있다. 최후의 승자는 가장 뛰어난 재능을 가진 자가 아니라, 압박 속에서도 항상성을 오래 유지하며 생존한 자다.

시련의 파도가 밀려올 때 뇌가 보내는 공포 신호에 매몰되지 않고 제자리를 지킬 수 있다면, 그것은 이미 승리 궤도에 진입했음을 증명한다.

결국 승부의 관건은 실력의 차이가 아니라, 흔들림 속에서도 중심을 잡는 인내의 차이다.

영국 총리였던 벤저민 디즈레일리는 말한다.

"위대한 사람들은 모두 기다림의 달인이었다."

한 줄의 지혜

승리의 월계관이 반짝이는 이유는
앞에서 포기한 사람들의 눈물방울 때문이다.

발견

일상에 숨겨진 찬란한 아이디어 찾기

발견은 모든 사람이 보는 것을 보고,
아무도 생각하지 않는 것을 생각하는 것이다.

– 앨버트 센트죄르지

익숙한 것을
낯설게 바라보기

우리 뇌는 효율성을 극대화하기 위해, 반복되는 자극을 무시한다. 매일 보는 풍경이나 사물에서 아무런 감흥을 느끼지 못하는 까닭은, 뇌가 이미 다 안다고 판단해 에너지 소모를 줄이기 때문이다. 하지만 위대한 발견은 이 익숙한 정보 필터를 의도적으로 걷어낼 때 시작된다. 당연하다고 믿었던 것들에 '왜?'라는 물음을 던지는 순간, 일상은 무한한 아이디어 창고로 변한다.

사과가 떨어지는 평범한 현상에서 중력의 원리를 발견하고, 넘치는 목욕물에서 부력을 발견한 힘은 특별한 지능이 아니라 '관찰의 태도'에 있었다.

프랑스 작가 마르셀 프루스트는 발견의 본질을 이렇게 꿰뚫는다. "진정한 발견의 여정은 새로운 풍경을 찾는 것이 아니라, 새로운 눈을 갖는 데 있다."

한 줄의 지혜

**멋진 아이디어는 저 멀리 미지의 세계가 아니라,
바로 나의 발아래 잠자고 있다.**

우연한 만남이
아이디어가 되는 순간

위대한 아이디어는 예기치 못한 우연의 옷을 입고 찾아오곤 한다. 이를 '세렌디피티'라 하는데, 이는 단순한 행운이라기보다, 뇌의 필터링 시스템이 특정 목표를 향해 깨어 있을 때 포착되는 결과다.

준비된 마음은 일상의 무작위한 정보 속에서 가치 있는 연결고리를 찾아내는 능력이 탁월하다. 엉뚱한 곳에 우연히 달라붙은 접착제 실패작이 '포스트잇'이 되었듯, 뇌가 열려 있다면 세상의 모든 충돌은 창조의 불꽃이 된다.

행운은 관찰하고 연결하는 자의 몫이다. 예상치 못한 사건 속에서 나만의 맥락을 읽어낼 때, 우연은 필연적인 영감이 된다.

미생물학의 아버지라 불리는 루이 파스퇴르는 말한다.

"관찰의 영역에서 행운은 오직 준비된 자에게만 미소 짓는다."

한 줄의 지혜

**위대한 발견은 보물찾기와 같아서,
끝내 찾고자 하는 자에게 주어지는 선물이다.**

세밀함이 차이를 만든다

혁신은 사소한 불편함을 집요하게 파고드는 '미시적 관찰'에서 시작된다. 우리 뇌는 집중된 관찰을 통해 세부 정보를 수집하고, 이를 종합해 새로운 패턴을 발견하는 데 능하다.

작은 디테일에 집중하는 태도는 뇌의 인지적 해상도를 높여, 남들이 보지 못하는 시장의 틈새를 발견하게 한다. 고객의 미세한 손짓 하나, 스쳐 지나가는 짧은 한숨이 거대한 비즈니스의 지도가 된다. 돋보기를 들고 현장을 살피는 집요함이 평범한 일상을 놀라운 혁신으로 바꾼다.

월마트 창업주 샘 월턴은 디테일의 중요성에 대해 이렇게 강조한다. "비즈니스의 성공은 고객의 아주 작은 필요를 읽어내는 데서 결정된다."

한 줄의 지혜

세상을 바꿀 만한 놀라운 혁신도, 결국 현미경으로 들여다본 아주 작은 불편함 속에 숨겨져 있다.

결핍은 새로운 가능성의
시작이다

결핍은 뇌의 문제 해결 본능을 깨우는 가장 강력한 자극제다.
우리 뇌는 불완전함이나 제약에 직면했을 때, 기존의 패턴을 재편
하고 새로운 연결을 탐색하는 모드로 전환된다. 이 역동적인 과정
에서 비로소 세상에 없던 혁신적인 아이디어가 탄생한다.
완벽한 조건에서는 현상 유지에 머무르기 쉽지만, 결핍이 많은 조
건에서는 본질에 집중하게 된다. 절박한 부족함에 직면했을 때 뇌
는 독창적인 방식으로 해결책을 찾는다.
고대 그리스 철학자 플라톤은 말한다.
"필요는 발명의 어머니다."

한 줄의 지혜
생활 속에 지독한 불편함이 있다면,
아직 세상에 없는 새로운 것을 발견할 절호의 기회다.

타인의 시선으로
세상 읽기

우리 뇌에는 타인의 행동과 감정을 마치 자신의 것처럼 느끼게 하는, 거울 신경 체계와 같은 메커니즘이 작동한다. 심리학에서는 타인의 관점을 취하는 이러한 능력을 '조망 수용'이라 부른다.

나라는 좁은 세계에서 벗어나 타인의 눈으로 세상을 읽을 때, 비로소 이전에는 보이지 않던 타인의 결핍과 욕망이 선명하게 드러난다. 비즈니스에서 공감은 단순한 배려를 넘어, 고객의 삶 깊숙이 들어가 새로운 시장을 발견하는 예리한 도구다.

자동차왕 헨리 포드는 말한다.

"성공의 비결은 타인의 관점을 이해하고, 타인의 관점에서 사물을 보는 능력에 있다."

한 줄의 지혜

**타인의 시선으로 세상을 보면 미처
내가 보지 못했던 세상의 또 다른 면을 발견한다.**

서로 다른 점을 연결하는
융합의 미학

창의성은 완전히 새로운 것을 발명하는 능력이 아니라, 서로 관련 없어 보이는 정보들을 하나로 묶는 연결의 기술이다.

우리 뇌는 서로 다른 정보를 통합해 고차원적 의미를 생성하는 데 특화되어 있다. 심리학적으로는 이를 '원격 연합'이라 하는데, 전혀 다른 분야의 지식이 충돌할 때 뇌는 평소보다 강렬한 창조적 스파크를 일으키며 혁신적인 해답을 내놓는다.

익숙한 것들 사이의 낯선 조합이 세상에 없던 새로운 가치를 만든다. 이종교배와 같은 융합의 과정은 낡은 아이디어를 가장 현대적인 솔루션으로 진화시킨다.

현대 광고계의 거장 제임스 웹 영은 말한다.

"아이디어는 기존 요소들의 새로운 조합일 뿐이다."

한 줄의 지혜

**혁신적 아이디어는 예상하지 못했던 것들이
비로소 연결의 다리 위에서 만날 때 탄생한다.**

멍 때리기가 주는 선물

우리의 뇌는 아무런 정보도 처리하지 않고 휴식할 때 가장 바쁘게 움직인다. 이를 '디폴트 모드 네트워크'라 하는데, 뇌가 외부 자극에서 벗어나 내면의 기억과 정보를 자유롭게 재구성하는 상태를 말한다.

의도적으로 멍 때리는 시간, 즉 인지적 공백을 허용하면, 집중할 때보다 더 깊은 통찰의 순간이 찾아온다. 풀리지 않던 난제가 샤워 중이나 산책길에 갑자기 해결되는 까닭은 뇌가 휴식을 기회 삼아 조각난 아이디어를 유기적으로 결합했기 때문이다.

독일의 물리학자 헤르만 폰 헬름홀츠는 영감이 찾아오는 순간을 이렇게 설명한다.

"아이디어는 충분히 노력한 뒤, 느긋하게 휴식할 때 비로소 찾아온다."

한 줄의 지혜

멍 때리기가 시간 낭비처럼 보여도, 가장 비범한 아이디어의 방문을 유도하는 지혜로운 전략이다.

감정

쓰다 보면 몸에 배는
나를 변화시키는
좋은 습관

내 마음속 파도를 다스리는 법

파도를 멈출 수는 없지만
서핑하는 법은 배울 수 있다.

- 존 카밧진

왜 나는 수시로
감정의 파도를 탈까

인간의 감정은 생존을 위해 설계된 가장 오래된 경보 시스템이다. 외부의 작은 자극에도 마음속 파도가 출렁이는 이유는 우리 뇌가 논리보다 '반응'을 우선하기 때문이다. 뇌는 위협을 감지하는 순간, 이성보다 한발 앞서 몸과 마음을 비상 체제로 전환한다. 이러한 현상은 원시 시대부터 포식자를 피하기 위해 발달한 생물학적 본능이다. 그러나 현대 사회에서는 실제 생존 위협보다 사회적 평가나 미래에 대한 불확실성 같은 심리적 요인이 경보 시스템을 작동시키는 주된 유발 요인이다.

우리가 감정이라는 파도에 쉽게 휩쓸리는 까닭은 감정의 실체를 정확히 모르기 때문이다. 그 실체를 인식하고 나면 파도는 이내 잔잔하게 잦아든다.

《행복론》의 저자 알랭은 말한다.

"감정의 문제를 근본적으로 해결하려면 불편한 감정의 진짜 원인을 파악해야 한다."

한 줄의 지혜

감정은 나를 휩쓸고 갈 해일처럼 보이지만
내 마음의 날씨를 알려 주는 기상청이다.

감정에도
이름을 붙여 주자

정체 모를 불안은 안개 속의 괴물처럼 우리를 공포로 몰아넣는다.
하지만 그 실체에 '이름'을 붙이는 순간, 감정은 통제 가능한 영역
으로 들어온다.

단순히 "기분이 안 좋아"라고 뭉뚱그리는 대신 그것이 시기심인지,
서운함인지 혹은 사소한 피로감인지 세밀하게 분류하는 것만으로
도 뇌의 날 선 반응을 진정시키는 효과가 있다. 이름을 붙이는 순
간, 폭주하던 본능에 제동 장치가 걸리고 감정은 비로소 분석 가능
한 데이터로 전환된다.

현대 뇌과학의 거장 리사 펠드먼 배럿은 말한다.

"감정을 잘 표현하는 사람은 그렇지 않은 사람보다 스트레스 상황
에서 훨씬 더 유연하게 대처한다."

한 줄의 지혜

어린 늑대에게 이름을 붙여 주고 친절을 베풀면 온
순해지듯, 감정도 이름을 붙여 주면 길들일 수 있다.

탐정처럼
감정을 추적하고 관찰하라

우리가 고통스러운 이유는 수시로 밀려오는 감정과 나 자신을 동일시하기 때문이다. 감정의 파도에 휩싸였을 때 필요한 것은 마치 탐정이 사건을 수사하듯 냉철한 분석이다.

만약 화가 난 상태라면 "지금 이 분노는 어디서 시작됐을까?"라고 스스로에게 질문하며 감정의 발단(트리거), 그 순간의 생각(인지), 신체 반응(생리)을 차분히 살필 필요가 있다.

감정이 분석해야 할 사건이 되는 순간, 감정과 나 사이에는 안전한 거리가 생긴다.

인도의 심리치료사 앤서니 드 멜로는 말한다.

"감정 관찰이 나를 변화시키는 첫걸음이다."

한 줄의 지혜

어리석은 자는 감정에 휩쓸려 신파극의 주인공이 되고, 현명한 자는 감정이라는 영화를 지켜보는 관객이 된다.

슬픔이 소멸되기까지는
시간이 필요하다

슬픔은 억누르거나 억지로 잊는다고 해서 사라지는 감정이 아니다. 충분한 시간을 갖고 서서히 연소시켜야 한다.

슬픔은 강제로 부정할수록 그 덩어리는 무의식 속에서 왜곡되어 우울, 무기력, 불안과 같은 감정으로 변질된다. 심리학에서는 이를 '미해결된 정서'라고 부른다.

우리 뇌가 상실의 통증을 소화하고 새로운 현실을 수용하는 데는 반드시 물리적인 '처리 시간'이 필요하다. 육체의 상처가 아물려면 딱지가 앉고 새살이 돋는 과정이 필수이듯, 마음에도 충분한 애도의 시간이 흘러야 한다.

호스피스 운동의 선구자 엘리자베스 퀴블러 로스는 말한다.

"슬픔은 치유의 과정이지, 극복해야 할 장애물이 아니다."

한 줄의 지혜

슬픔을 억누르면 마음이 병들지만,
충분한 슬픔은 단단한 영혼을 만든다.

분노라는
성난 고양이 다스리기

분노는 날카로운 발톱을 세운 성난 고양이와 같다. 억지로 잡으려 하면 더 깊은 상처를 입고, 방치하면 내면의 평화를 할퀴어 놓는다. 분노를 무작정 터뜨리는 것은 불에 기름을 붓는 격이다. 그렇다고 해서 무조건 참는 것만이 능사는 아니다. 적절히 배출하지 못한 분노는 내면을 태우는 화마가 되기 때문이다.

화가 치밀어 오를 때는 '일시 정지'의 지혜를 발휘해야 한다. 뇌가 분노로 뜨거워질 때, 단 90초만 그 흐름을 관찰하라.

《긍정의 뇌》의 저자 질 볼트 테일러는 단언한다.

"감정의 화학적 반응이 뇌를 통과하는 데는 단 90초면 충분하다."

한 줄의 지혜

**성난 고양이에게는 무작정 손을 내밀기보다
가만히 지켜보는 여유가 필요하다.**

불안할 때는
눈앞의 일부터 하자

우리 뇌는 정보가 불확실할 때면 생존을 위해 최악의 시나리오를 쓴다. 이때 생각에만 매몰되면 불안은 걷잡을 수 없이 증폭된다.

심리학의 '행동 활성화' 이론에 따르면, 불안을 잠재우는 가장 확실한 방법은 거창한 해결책이 아니라, 아주 사소한 행동을 시작하는 것이다.

좀처럼 불안이 가시지 않는다면 방 청소를 하거나 잠깐 조깅을 하라. 무언가를 실행하면 과열된 편도체가 점차 진정되며, 현재의 과업을 처리하는 수행 모드로 전환된다.

데일 카네기는 말한다.

"바쁘게 움직이는 것이 불안에 대한 가장 저렴한 처방이다."

한 줄의 지혜

불안은 머릿속에서 태어나서,
손발의 움직임을 따라 빠져나간다.

깊은 바다 속에는
파도가 치지 않는다

수면은 폭풍우로 출렁거려도, 심해는 언제나 고요하다.

감정도 그렇다. 심리학의 '관찰적 자아' 관점에 따르면, 출렁이는 감정이 곧 나라고 착각할 때 우리는 평정심을 잃는다. 하지만 감정은 내가 아니라, 내 안에서 잠시 일어났다 사라지는 기상 현상일 뿐이다.

평정심을 유지하려면 외부 자극에 대한 뇌의 즉각적인 반응을 잠시 멈추고, 본연의 나를 자각해야 한다. 파도가 나를 덮치는 것이 아니라, 내가 바다 그 자체임을 깨닫는 순간, 해일 같던 고통도 찰나의 물거품으로 변한다.

로마 황제 마르쿠스 아우렐리우스는 말한다.

"마음 깊은 곳으로 물러나라. 그곳이야말로 인간이 얻을 수 있는 가장 평화로운 은신처다."

한 줄의 지혜

파도는 바다를 흔들 수 있지만
결코 바다를 해칠 수는 없다.

경제적 자유를 찾아서

돈이 주는 가장 큰 배당금은
내 시간을 내 마음대로 쓸 수 있는 자유이다.

- 모건 하우절

돈에 대한 태도가
부의 그릇을 결정한다

돈은 단순히 특수 인쇄된 종이가 아니라, 소유자의 무의식을 투영하는 거울이다. 결핍 마인드를 지닌 사람은 돈을 잃을까 두려워하며 결핍에 집중하지만, 부의 본질을 이해하는 사람은 돈을 흐르는 에너지로 대한다.

우리 뇌는 단순한 보상보다, '통제권'과 '성장 가능성'에 더 깊이 몰입한다. 돈을 대하는 태도의 차이가 장기적인 부의 궤적과 그릇의 크기를 결정한다. 돈을 소비의 도구가 아닌 삶의 가치를 확장하는 수단으로 정의할 때 비로소 경제적 자유를 얻을 수 있다.

성공 철학의 거장 나폴레온 힐은 말한다.

"큰돈은 그것을 간절히 원하는 사람에게 오는 것이 아니라, 그것을 받아들일 마음의 준비가 된 사람에게 온다."

한 줄의 지혜

**돈은 입과 귀는 없지만 눈이 밝아서,
자신을 가치 있는 곳에 사용해 줄 사람을 찾아간다.**

소비의 함정에서
벗어나라

과시적 소비는 밑 빠진 독에 물 붓기와 같다.

'디드로 효과'에 따르면 하나의 물건을 손에 넣는 순간, 그에 어울리는 다른 물건들을 연쇄적으로 갈구하게 된다. 특히 타인의 시선을 의식할 경우, 뇌는 즉각적인 보상에 중독되어 미래의 만족보다 눈앞의 만족을 선택하는 오류를 범한다.

소비의 함정에서 탈출하려면 원하는 것과 필요한 것을 냉정히 분리해야 한다. 구매 버튼을 누르기 전에 '이것이 과연 나에게 정말 필요한가?'를 자문하라. 불필요한 지출을 거부하는 행위는 물건에 빼앗긴 내 삶의 주도권을 되찾아오기 위한 지적 투쟁이다.

미국의 경제학자 소스타인 베블런은 경고한다.

"과시적 소비는 자신의 사회적 지위를 증명하려는 헛된 시도에 불과하다."

한 줄의 지혜

충동적인 소비는 싸구려 위스키 같아서,
잠깐의 위안 뒤에 지독하고 긴 숙취를 남긴다.

돈이 일하는 시스템을
구축하라

우리는 몸을 움직여 얻는 노동 수익에만 안주하려는 경향이 있다. 심리학의 '손실 회피 편향'에 따르면, 인간은 미래의 불확실성에 대한 투자보다 눈앞의 확실한 보상을 우선시한다.

하지만 내가 시간을 투입해야만 발생하는 노동 수익은 결코 경제적 자유를 가져다주지 못한다. 노동이 종잣돈을 만들기 위한 마중물이어야지 삶의 종착역이 되어서는 안 된다. 자본이 돈을 버는 시스템을 구축하지 못하면 자아실현을 위한 삶은 뒷전으로 밀려나고 만다.

가치 투자의 전설 워런 버핏은 경고한다.

"잠자는 동안에도 돈이 들어오는 방법을 찾아내지 못한다면, 당신은 죽을 때까지 일을 해야만 할 것이다."

한 줄의 지혜

부자가 놀기만 해도 부자인 까닭은
돈이 돈을 낳는 시스템을 갖추고 있기 때문이다.

시간이라는
거대 자본에 투자하라

우리 뇌는 뿌린 대로 거두는 식의 정직한 비례에는 익숙하지만, 기하급수적인 성장을 뜻하는 복리 개념에는 취약하다.

이 때문에 뇌는 미래의 큰 보상보다 당장 눈앞의 작은 이득에 눈이 멀곤 한다. 하지만 진정한 부는 종잣돈의 크기가 아니라, 시간이라는 자본을 얼마나 중단 없이 투입했느냐에 따라 결정된다.

복리는 시간이라는 자양분을 먹고 자라는 나무와 같다. 초반에는 성장이 더뎌 보이지만, 임계점을 넘어서는 순간 자산은 기하급수적으로 팽창한다.

《돈의 심리학》의 저자 모건 하우절은 복리의 효과에 대해 이렇게 설명한다.

"워런 버핏의 재산 중 90% 이상은 그의 65세 생일 이후에 만들어졌다."

한 줄의 지혜

세상에는 수많은 마법이 존재하지만,
누구나 쉽게 부릴 수 있는 마법은 복리뿐이다.

부자가 되려면
시대의 흐름을 파악하라

돈은 시대의 요구에 따라 거대한 강물처럼 흘러간다. 하지만 우리의 뇌는 익숙한 정보만 선택적으로 받아들이는 '확증 편향'에 사로잡혀 변화의 물결을 보지 못한다.

이미 돈이 지나간 흔적만 뒤쫓아서는 결코 부자가 될 수 없다. 기술의 향방과 대중의 욕망이 만나는 지점을 선제적으로 읽어낼 수 있는 안목이 필요하다.

나무가 아닌 전체적인 숲을 보고, 강물이 도달할 광활한 하류의 지형을 그릴 줄 아는 사람만이 부를 선점할 수 있다.

세계적인 투자가 짐 로저스는 말한다.

"역사를 알면 세상이 어디로 가고 있는지 보인다."

한 줄의 지혜

서퍼가 파도의 결을 읽듯,
부자는 시대의 결을 읽어 그 흐름 위에 올라탄다.

나에게
꾸준히 투자하라

가장 수익률이 높은 투자처는 주식이나 부동산이 아닌, 바로 '나' 자신이다.

외부 자산은 시장에 따라 요동치지만, 내 안에 축적된 인적 자본은 결코 배신하지 않는다. 심리학의 '자산 효과'에 따르면 사람들은 실물 자산의 가치는 높게 평가하면서도, 보이지 않는 지식과 기술에 대한 자산 가치는 박하게 매기는 경향이 있다.

그러나 진정한 부의 기초는 어떤 위기 속에서도 가치를 창출하는 숙련도와 전문성이다. 급변하는 환경 속에서 최고의 무기는 통장 잔고가 아니라, 모든 것을 잃어도 다시 시작할 수 있는 지적 역량이다.

미국의 건국의 아버지 벤저민 프랭클린은 말한다.

"지식에 대한 투자는 언제나 가장 높은 이자를 지급한다."

한 줄의 지혜

지갑의 돈은 훔쳐 갈 수 있지만,
지식과 기술은 그 누구도 훔쳐 갈 수 없다.

돈의 주인으로
살아가는 법

경제적 자유가 주는 가장 큰 기쁨은 내 삶의 주도권 회복이다.

목적 없는 부의 축적은 더 큰 자극을 원하는 도파민의 굴레에 우리를

가둔다. 결국 채워지지 않는 갈증 속에 돈의 노예로 전락하고 만다.

돈을 소유의 대상이 아닌 삶을 위한 도구로 정의하면, 많고 적음에

대한 강박적 비교와 그로 인한 불안에서 벗어나, 현재의 삶에 집중

할 수 있는 평온을 얻을 수 있다.

부자의 진정한 권력은 비싼 물건을 사는 능력이 아니라, 돈을 자아

실현을 위한 수단으로 전환할 수 있는 선택의 자유에 있다.

에피쿠로스는 경고한다.

"자유를 얻고 싶다면 가진 것을 늘리기보다 욕망을 줄이는 데 힘써라."

한 줄의 지혜

지갑 속의 돈은 훌륭한 하인이지만,
머릿속의 돈은 가장 잔인한 주인이 될 수도 있다.

Week
15

처세

슬기로운 생활의 지혜

자신을 다스리는 법을 모르는 사람은
남을 다스릴 자격이 없다.
지혜로운 처세의 시작은
자신의 감정을 제어하는 평정심에서 나온다.

— 발타자르 그라시안

장점이 부각되도록
옷을 입어라

사회생활에서 옷은 나의 정체성을 시각화하는 강력한 도구다. 옷차림은 타인의 시선을 바꿀 뿐만 아니라, 나 자신의 사고방식과 행동까지 변화시킨다. 제복을 입으면 책임감이 커지고, 단정한 정장을 입으면 논리적 사고력이 향상되는 까닭은 우리의 뇌가 옷차림에 즉각 반응하기 때문이다.

나에게 잘 어울리는 품격 있는 옷은 타인의 무례함을 막는 방패이자, 나 스스로를 귀하게 여기게 만드는 거울이다. 겉모습을 가꾸는 것은 허영이 아니라, 세상이라는 무대에 서기 위한 가장 기본적이고 전략적인 예의다.

영국의 문학가 에드워드 불워 리턴은 말한다.

"옷차림은 그 사람의 정신을 나타내는 가장 정직한 지표다."

한 줄의 지혜

**품격 있는 옷차림은 타인의 눈은 즐겁게 하고,
나 자신에게는 당당한 태도를 선물한다.**

먼저 변명을
늘어놓지 마라

실수나 실패의 순간, 즉각적으로 튀어나오는 변명은 자신을 보호하려는 자연스러운 심리적 반응이다. 하지만 심리학의 '인지 부조화' 이론에 따르면, 변명을 반복할수록 뇌는 자신의 과오를 정당화하며 성장의 기회를 스스로 차단한다.

변명은 타인의 평가를 일시적으로 모면하게 할 뿐이지만, 자칫하면 책임 회피자라는 낙인을 남기게 된다. 사과가 먼저고 해명은 그다음이다. 해명이 꼭 필요한 상황이라면 상황이 진정된 뒤, 감정이 배제된 객관적 사실만을 전달해야 한다.

"죄송합니다! 제 책임입니다. 다시는 이런 일이 발생하지 않도록 각별히 유의하겠습니다."

미국의 초대 대통령 조지 워싱턴은 이렇게 조언한다.

"나쁜 변명을 하는 것보다는 변명을 아예 하지 않는 편이 훨씬 낫다."

한 줄의 지혜

정직이 신뢰의 탑을 쌓는 벽돌이라면,
변명은 그 탑을 단숨에 무너뜨리는 망치다.

치아에
돈을 투자하라

미소는 가장 강력한 처세의 도구이며, 그 중심에는 치아가 있다.
심리학의 '후광 효과'에 따르면, 정돈된 치아는 상대에게 자기관리
가 철저한 사람이라는 무의식적인 신뢰를 심어준다. 반면 관리되
지 않은 치아는 심미적 감점을 넘어, 대화 시 위축감을 유발하고 당
당한 태도를 방해하는 심리적 장애물이 된다.
입안에서 음식물을 씹어서 잘게 부수는 '저작 운동'은 뇌로 가는 혈
류를 촉진해 인지 기능 유지에 도움을 주는 주요 요인 중 하나다.
즉, 치아에 대한 투자는 나의 명석함과 생명력을 보존하는 일이다.
《돈키호테》의 저자 세르반테스는 말한다.
"입안의 치아는 다이아몬드보다 훨씬 더 가치가 있다."

한 줄의 지혜

**다이아몬드는 가끔 기쁨을 주지만,
건강한 치아는 항상 삶의 기쁨을 준다.**

중앙에 앉아서
만찬을 즐겨라

세상에는 '인사이더'와 '아웃사이더'가 있다. 아웃사이더는 원래 국외자, 전문 지식이나 소양이 없는 문외한, 품위가 없는 사람, 경마에서 인기가 없는 말을 가리킨다. 그러나 사회학에서는 일반적으로 소외되거나 겉도는 사람을 의미한다.

모임에서 어느 자리에 앉느냐 하는 문제는 공간 심리학적 전략이다. 심리학의 '중심성 효과'에 따르면, 공간의 중앙을 점유하는 사람은 무의식적으로 집단의 에너지를 집중시키며 주도적인 인상을 남긴다.

중앙은 시각적 사각지대가 적어 구성원 대다수와 시선을 교환하기 용이하다. 이는 뇌의 사회적 인지 회로를 활성화해 정보를 선점하는 인사이더가 될 확률을 높인다.

현대 성공학의 시조 나폴레옹 힐은 말한다.

"자신을 집단의 중심에 두는 습관이 리더를 만든다."

한 줄의 지혜

실패는 타인의 시선을 피할 수 있는 구석진 곳을,
기회는 시선이 모이는 중앙을 선호한다.

잔돈을 밝히지 마라

작은 이익이나 공돈을 대하는 태도를 보면 그 사람의 그릇을 알 수 있다.

심리학의 '좁은 프레임' 이론에 따르면, 인간은 눈앞의 작은 이득에 매몰될 때 사고의 범위를 스스로 좁히게 된다. 잔돈을 밝히는 행위는 뇌의 보상 회로를 협소한 이익에만 반응하도록 고착시켜 더 큰 기회나 가치를 포착할 통찰력을 마비시킨다.

대인관계에서 계산적인 사람이라는 낙인은 일종의 주홍글씨다. 타인은 당신의 영악함을 지혜로 보지 않는다. 오히려 그 이면에 숨겨진 결핍과 불안을 읽어낼 뿐이다.

《잠언집》의 저자 라 로슈푸코는 경고한다.

"사소한 이익 앞에 영악하게 구는 사람은 커다란 기회 앞에서는 눈이 멀게 된다."

한 줄의 지혜

잔돈을 밝히는 사람은 촛불처럼 제 발밑만 비출 뿐,
결코 세상을 환하게 밝힐 수 없다.

칭찬은
뒤에서 하라

면전에서 건네는 찬사는 자칫 의도가 담긴 아첨으로 오해받기 쉽다.
심리학의 '제3자 칭찬 효과'에 따르면, 인간은 제3자를 거쳐 들려오는 정보를 훨씬 더 객관적이고 진실하게 받아들인다. 직접적인 칭찬은 경계심을 부를 수 있지만, 건너온 칭찬은 뇌의 보상 중추를 더 강렬하게 자극한다.

"우리 팀장님은 마치 슈퍼맨 같아요. 주말에 묵묵히 그 많은 일을 끝내 놓고도 정작 공로는 팀원들에게 돌리더라고요."

보이지 않는 곳에서 타인을 인정하는 행위는 당사자의 감동을 배가시키고, 동시에 화자를 공정하고 겸손한 사람으로 보이게 만든다.

유대인의 지혜를 집대성한 《탈무드》는 말한다.

"남을 칭찬하려거든 그 사람이 없는 곳에서 하라. 그것이 가장 진실된 칭찬이다."

한 줄의 지혜

앞에서 듣는 칭찬은 귀에 잠시 머물다 사라지지만,
뒤에서 전해지는 칭찬은 마음속 깊이 각인된다.

나만의 이미지를
만들어라

사람들은 저마다 이미지를 갖고 살아간다. 하지만 처세의 완성은 타인의 뇌리에 나만의 선명한 이미지를 각인시키는 것이다.

심리학의 '초두 효과'에 따르면, 처음 형성된 이미지는 이후에 들어오는 정보의 해석 기준이 된다. 단단하고 일관된 이미지는 일종의 심리적 필터가 되어, 사소한 실수는 덮어주고 성과는 돋보이게 한다.

이미지 메이킹은 자신의 강점을 시각화하고 습관화하는 과정이다. 뇌는 반복되는 패턴을 신뢰의 근거로 삼으므로, 일관된 태도가 곧 나의 정체성이 된다. 나만의 색깔을 가진 사람은 대체 불가능한 존재감을 발휘하며 관계의 주도권을 쥔다.

미국의 언론인이자 퓰리처상 수상자인 허버트 바야드 스워프는 단언한다.

"성공의 공식은 알려 줄 수 없지만, 실패의 공식은 확실히 알려 줄 수 있다. 그것은 모든 사람의 마음에 들려고 애쓰는 것이다."

한 줄의 지혜

좋은 이미지는 향기 같아서,
당신이 방을 나간 뒤에도 오래도록 남는다.

쓰다 보면 몸에 배는
나를 변화시키는
좋은 습관

성공

성공을 위한 현명한 선택

성공은 끝이 아니며, 실패는 치명적인 것이 아니다.
중요한 것은 계속 나아가는 용기다.

- 윈스턴 처칠

성공한 사람에게
성공 마인드를 배워라

성공은 단순히 운이나 노력의 산물이 아니라, 세상을 바라보는 특유의 관점에서 시작된다.

심리학의 '관찰 학습' 이론에 따르면, 우리는 롤모델을 관찰하는 것만으로도 그들의 사고방식과 행동 패턴을 습득할 수 있다.

특히 성공한 이들은 실패를 성장의 밑거름으로 삼는 성장 마인드셋을 지니고 있다. 이들은 위기를 기회로, 장애물을 디딤돌로 해석한다.

성공은 전염성이 강하다. 성장 마인드를 지닌 사람들과의 교류만으로도 사고 회로가 성장 지향적으로 재구성된다.

뉴턴의 운동법칙을 정립한 아이작 뉴턴은 이렇게 회고한다.

"내가 더 멀리 볼 수 있었다면, 그것은 거인의 어깨 위에 서 있었기 때문이다."

한 줄의 지혜

성공 마인드란 일종의 숨겨진 초능력 같아서,
필요한 순간에는 반드시 빛을 발한다.

커리어를 쌓을 수 있는
길을 선택하라

체계적인 커리어는 나의 가치와 정체성을 구축하는 견고한 기반이 된다. 심리학의 '만족 지연' 원리에 따르면, 당장의 안락함을 유보하고 전문성을 강화하는 선택을 할 때 자기 효능감은 고취되고 성취감 또한 증대된다.

설령 리스크가 따르더라도 역량을 확장하고 가능성이 높은 환경에 자신을 과감히 던져야 한다. 뇌는 반복되는 도전을 통해 최적화된 업무 수행 체계를 구축하며, 이 과정에서 형성된 전문가적 직관은 훗날 그 어떤 자본보다 강력한 무기가 된다.

페이스북의 창업자 마크 저커버그는 말한다.

"가장 위험한 일은 아무런 리스크도 감수하지 않는 것이다."

한 줄의 지혜

지식의 습득은 안락한 거실에서도 가능하지만,
대체 불가능한 커리어는 거친 현장에서 완성된다.

잠들어 있는
리더십을 깨워라

리더십은 자신의 삶을 스스로 주도하겠다고 결심하는 순간, 비로소 깨어난다. 심리학의 '내적 통제 소재' 이론에 따르면, 사건의 원인을 자신의 선택과 노력으로 돌리는 사람일수록 위기 상황에서 강력한 리더십을 발휘한다. 우리의 뇌는 스스로 상황을 통제하고 있다고 판단할 때 스트레스를 성취 동기로 전환하며, 타인에게 긍정적인 영향력을 미치는 '사회적 뇌'를 활성화한다.
리더십의 본질은 타인의 내면에 잠든 동기를 자극하는 데 있다. 따라서 진정한 리더는 타인을 설득하기 전, 자신의 감정과 태도를 먼저 다스린다. 구성원의 잠재력을 신뢰하고 명확한 비전을 제시하는 태도는 집단의 에너지와 집중력을 극대화한다.
《리더십 불변의 법칙》의 저자 존 맥스웰은 단언한다.
"리더십은 지위가 아니라 영향력이다. 그 이상도 그 이하도 아니다."

한 줄의 지혜
리더십은 타인을 가로막는 벽이 아니라,
그들이 자신의 한계를 넘어설 수 있도록 받쳐주는
든든한 디딤돌이다.

풀리지 않을 때는
눈높이를 바꿔라

문제 해결의 실마리는 문제의 내부가 아닌, 그것을 바라보는 높이에 있다. 심리학의 '메타 인지' 능력은 자신의 사고 과정을 객관적으로 바라보게 함으로써 고정관념이라는 함정에서 벗어나게 돕는다. 뇌는 익숙한 방식에 매몰될 때 사고의 유연성을 잃지만, 의도적으로 관점을 높여 전체 맥락을 조망하면 보이지 않던 새로운 대안을 포착해 낸다.

리더에게 필요한 지혜는 당면한 장애물에서 한 걸음 물러나 문제의 본질을 재정의하는 데 있다. 눈높이를 바꾸면 위기는 성장의 계기가 되고, 갈등은 협력의 단초가 될 수 있다.

알베르트 아인슈타인은 경고한다.

"문제를 발생시켰을 때와 같은 수준의 사고방식으로는 그 문제를 해결할 수 없다."

한 줄의 지혜

정글에서 길을 잃었다면 눈높이를 높여
전체를 조망해야 한다.

한 분야의
선구자가 되어라

성공의 정점에는 늘 남보다 먼저 깃발을 꽂은 선구자가 있다.
퍼스트 무버의 진정한 가치는 시장 선점을 넘어선 '인지적 선점'에
있다. 우리는 처음 접한 정보에 강렬한 인상을 받아 이를 판단의 척
도로 삼는 경향이 있는데, 심리학에서는 이를 기준점 편향이라 부
른다.
이때 확립된 프레임은 이후 등장하는 모든 후발 주자를 평가하는
절대적인 기준이 된다. 따라서 선구자는 단순히 새로운 것을 만드
는 자가 아니라, 세상이 그 분야를 바라보는 방식을 정의하는 '심리
적 설계자'가 된다. 경쟁의 규칙을 스스로 결정할 수 있는 권한, 그
것이 선구자가 누리는 최고의 특권이다.
스티브 잡스는 혁신을 이렇게 정의한다.
"혁신은 리더와 추종자를 구분하는 유일한 잣대다."

한 줄의 지혜

선구자는 길을 찾는 사람이 아니라 길을 만드는 사람
이며, 그의 발자취는 이내 새로운 지도에 새겨진다.

경쟁보다 협력하라

현대 사회가 직면한 난제들은 고도의 복잡성과 연결성을 띠고 있다. 이제 한 개인의 파편화된 지식과 능력만으로는 거대한 문제를 해결할 수 없다. 성공을 거두는 데 있어 과거 그 어느 때보다 집단 지성의 유기적인 결합은 필수 조건이다.

협력 모드에 돌입한 뇌는 타인과 인지적 자원을 결합하며, 혼자서는 도달할 수 없는 복합적인 문제 해결 능력을 발휘한다. 따라서 신뢰를 바탕으로 한 협력은 불필요한 마찰과 에너지 낭비를 줄이고, 창의적 영감을 증폭시키는 최고의 촉매다. 타인의 강점을 인정하고 손을 내미는 행위는 단순한 배려를 넘어, 자신의 영향력을 확장하는 가장 현명한 투자다.

자동차를 대중화시킨 헨리 포드는 말한다.

"함께 모이는 것이 시작이고, 함께 머무는 것이 진보이며, 함께 일하는 것이 성공이다."

한 줄의 지혜

경쟁은 고작해야 몇 발짝 앞서 달리게 할 뿐이지만, 협력은 그 누구도 가본 적 없는 세계의 지평을 열어 준다.

성공은 함께 나누어라

진정한 성공은 성취의 순간이 아니라, 그 가치를 나눌 때 완성된다. 심리학의 '헬퍼스 하이' 현상에 따르면, 타인을 돕는 나눔의 행위는 옥시토신 수치를 높여 신체적·정신적 안녕을 극대화한다. 나눔을 실천할 때 우리의 뇌는 강력한 사회적 유대감을 형성하며, 이는 다시 개인의 자존감과 행복을 지탱하는 지속 가능한 에너지원이 된다. 나눔은 성공을 거둔 나의 영향력을 세상에 각인시키는 가장 품격 있는 방식이다. 내가 이룬 성공이 타인의 삶을 비추는 등불이 될 때, 그 성공은 비로소 영원한 가치를 획득한다.

인도주의의 상징 앨버트 슈바이처는 성공과 나눔의 관계를 이렇게 정의한다.

"나는 당신의 운명이 어떻게 될지 모른다. 하지만 이것만은 확실히 안다. 당신들 중 진정으로 행복해질 수 있는 사람은 오직 남을 섬기는 법을 찾고 발견한 사람뿐이다."

한 줄의 지혜

행복의 크기는 당신이 얼마나 성공했느냐가 아니라, 얼마나 많은 사람과 그 기쁨을 나누느냐에 따라 결정된다.

쓰다 보면 몸에 배는
나를 변화시키는
좋은 습관

건강

장수보다 중요한 것들

나이를 먹어서 놀지 않는 것이 아니라,
놀지 않기 때문에 나이를 먹는다.

— 조지 버나드 쇼

노화를 늦추는
심리적 젊음

나이는 숫자에 불과하다는 말은 단순한 위로가 아니다. 심리학의 '자기충족적 예언' 효과에 따르면, 스스로를 젊다고 믿는 태도는 실제 신체 노화 속도를 늦추는 강력한 동력이 된다.

하버드 대학교 엘렌 랑거 교수의 '시계 거꾸로 돌리기' 실험은 이를 명확히 증명한다. 과거의 젊은 시절과 유사한 환경을 조성하고 마음가짐을 새롭게 한 노인들은 실제로 시력, 청력, 심지어 악력까지 개선되는 놀라운 변화를 경험했다.

우리의 뇌는 외부 자극에 반응하며 끊임없이 스스로를 재구성한다. 나이 듦을 쇠퇴가 아닌 성숙과 경험의 축적으로 정의할 때, 생체 시계의 흐름은 완만해진다.

70대에 '청춘'이라는 시를 쓴 새뮤얼 울먼은 말한다.

"사람은 열정을 잃었을 때 비로소 늙는다. 주름살은 단지 피부에 생기지만, 열정이 식으면 영혼에 주름이 생긴다."

한 줄의 지혜

노화는 피할 수 없는 과정이지만
나이를 먹었다고 생각하는 순간부터
노화는 가속화된다.

근육 연금에 투자하라

노후를 위한 가장 확실한 투자는 통장이 아닌 몸에 새기는 근육이다. 최근 뇌과학 연구에 따르면, 근육은 단순히 움직임을 위한 도구가 아니라 우리 몸에서 가장 큰 화학 공장 역할을 한다. 근육을 사용할 때 분비되는 마이오카인은 혈류를 타고 뇌로 전달되어 인지 기능의 감퇴를 막고 정서적 안정감을 높여 준다. 즉, 근육으로 다져진 탄탄한 하체는 정신을 맑게 유지하는 가장 강력한 방어막인 셈이다.

심리학에서 말하는 '신체화된 인지' 이론처럼, 우리의 마음은 몸의 상태를 그대로 투영한다. 근육이 소실되어 신체가 무너질 때 무력감과 우울이 찾아오는 이유도 이 때문이다.

의학의 아버지라 불리는 히포크라테스는 말한다.

"사용하는 것은 발달하고, 사용하지 않는 것은 퇴화한다."

한 줄의 지혜

아틀라스는 하늘을 떠받치고,
근육은 나의 건강한 인생을 떠받친다.

도전을 멈추지 마라

안락함에 길드는 순간, 우리의 정신은 서서히 퇴화하기 시작한다.
익숙한 일상의 반복은 뇌의 특정 회로만 가동시키고 다른 영역은
잠재운다. 반면 새로운 도전은 잠들어 있던 뇌 영역을 자극하고, 뇌
세포 간의 연결망을 활발하게 만든다. 낯선 여행지를 걷거나 새로
운 취미를 시작할 때 느껴지는 기분 좋은 긴장감은 뇌가 다시 젊어
지고 있다는 가장 확실한 신호다.

심리학의 '쾌락적 적응'을 극복하는 가장 효과적인 길도 바로 도전
이다. 반복되는 편안함은 금세 무뎌지지만, 새로운 목표를 향한 몰
입은 도파민 체계를 활성화하며 삶에 생동감을 불어넣는다.

미국의 작가 조슈아 J. 마린은 말한다.

"도전은 인생을 흥미롭게 만드는 요소다."

한 줄의 지혜

도전은 뇌에 공급되는 맑은 샘물 같아서,
도전을 멈추면 우리의 뇌도 생명력을 잃고
메마르기 시작한다.

관계의 질이
삶의 질을 결정한다

인간은 홀로 생존할 수 없도록 설계된 존재다.
'사회적 고립'은 신체적 통증과 동일한 회로를 자극한다. 외로움은
단순한 감정이 아니라 뇌가 보내는 절박한 생존 신호인 셈이다. 반
면 깊은 유대감은 스트레스 호르몬의 수치를 낮추고, 감정 조절과
인지 기능에 관여하는 뇌 영역의 건강을 유지하는 데 도움을 준다.
심리학의 '사회적 지지' 이론에 따르면, 관계의 수가 아닌 질이 노
년의 인지 건강을 결정한다. 진심을 나눌 수 있는 단 한 사람과의
관계만으로도 우리는 노화의 파도를 견뎌 낼 강력한 심리적 면역
력을 얻는다.
85년에 걸친 하버드 성인 발달 연구의 책임자 로버트 월딩어 교수
는 단 한 줄로 삶의 진리를 요약한다.
"좋은 삶은 좋은 관계로 만들어진다."

한 줄의 지혜

**건강한 삶은 거울이 아니라, 소중한 사람의
눈동자에 비친 나의 모습 속에 담겨 있다.**

총명한 사람이
운동을 즐긴다

지적 능력의 정점은 책상이 아닌 운동장에서 완성된다. 뇌과학 연구에 따르면 유산소 운동은 새로운 뇌세포가 생성되는 환경을 조성하고, 뇌세포 간의 통신망을 더 빠르고 정교하게 구축한다.

단순히 몸을 움직이는 행위만으로도 뇌의 학습 능력과 기억력이 개선된다. 즉, 우리가 운동하는 동안 뇌는 집중력과 창의력을 높이고, 뇌세포 간의 정보 전달을 방해하는 요소들을 정리한 뒤, 새로운 정보를 받아들일 공간을 마련한다.

또한 신체를 능동적으로 제어하는 경험은 자기 효능감을 높여 삶에 대한 자신감과 총명함을 동시에 선사한다. 운동은 노화로 인한 뇌의 수축을 막아 주는 가장 강력한 자연 요법이다.

뉴욕대학교 신경과학과 교수 웬디 수즈키는 말한다.

"운동은 몸을 위한 것이 아니라 뇌를 위한 것이다. 뇌를 가장 빠르게 변화시키는 방법은 바로 운동이다."

한 줄의 지혜

어리석은 사람은 게으름을 즐겨 더 어리석어지고,
지혜로운 사람은 운동을 즐겨 한층 더 지혜로워진다.

소식이
장수 유전자를 깨운다

적게 먹는 습관은 단순히 체중을 관리하는 일이 아니라, 잠들어 있는 생명력을 깨우는 강력한 신호다.

뇌과학적 관점에서 공복 상태는 우리 몸의 '자가포식' 기능을 활성화한다. 이는 세포 내부의 노폐물을 청소하고 에너지를 효율적으로 재구성하는 과정이다. 또한, 영양 공급이 절제될 때 뇌는 생존을 위해 장수 유전자인 '시르투인'의 활동을 촉진하여 뇌세포의 노화를 늦추고 인지 기능을 보호한다.

당장의 포만감을 유예하는 절제력은 삶에 대한 통제감을 높여 준다. 또한 소식은 정신을 맑게 깨우고 고도의 집중력을 선사한다. 절제된 식탁이야말로 노화를 거스르는 가장 지혜로운 만찬이다.

《노화의 종말》의 저자 데이비드 싱클레어는 말한다.

"배고픔은 신체에 생존과 회복의 메시지를 전달하는 가장 강력한 수단이다."

한 줄의 지혜

폭식은 잠시 위장의 포만감을 안겨 주고,
소식은 오래도록 영혼의 충만함을 안겨 준다.

잘 살고 싶다면
죽음을 기억하라

삶이 영원할 것 같다는 착각은 우리를 나태와 만성적인 스트레스
에 가두곤 한다. 심리학의 '죽음 통찰' 이론에 따르면, 삶의 유한성
을 마주했을 때 우리의 뇌는 우선순위를 재설정하여, 본질적으로
가치 있는 관계와 경험에 집중하도록 유도한다.

현재의 순간에 몰입하며 의미를 찾을 때 촉진되는 감사, 목적감, 확
장된 자아 인식과 같은 긍정적 정서는 면역 체계를 강화하고 세포
의 노화를 늦춘다. 삶의 끝을 인식하는 태도가 역설적으로 오늘을
살아갈 생명 에너지를 증폭시킨다.

언젠가 끝이 온다는 사실을 받아들일 때, 우리는 비로소 사소한 걱
정에서 벗어나 가장 건강하고 총명한 상태로 지금 이 순간을 만끽
할 수 있다.

마하트마 간디는 말한다.

"내일 죽을 것처럼 살고, 영원히 살 것처럼 배워라."

한 줄의 지혜

죽음은 재앙이 아니라, 지금 이 순간을
가장 빛나게 하는 신의 선물이다.

쓰다 보면 몸에 배는
나를 변화시키는
좋은 습관

감사

행복의 크기는 감사의 크기와 비례한다

나 자신에게
먼저 감사하라

우리는 흔히 감사의 대상을 밖에서 찾지만, 진정한 회복은 나에 대한 고마움에서 시작된다. 심리학의 '자기 자비' 원리에 따르면, 스스로를 몰아세우는 대신 그간의 수고를 인정하고 존중할 때, 정서적 안정감과 함께 회복 탄력성이 높아진다. 나에게 건네는 따뜻한 위로는 스트레스 호르몬 수치를 낮추고, 마음의 면역력을 높이는 가장 빠른 길이다.

나 자신을 긍정하는 태도는 심리적 보상 체계를 강화하여 내면의 활력을 되찾아 준다. 비록 완벽하지 않더라도 있는 그대로 수용하며 "애썼다"라고 말해 주는 순간, 뇌는 비로소 긴장을 풀고 치유의 모드로 전환된다.

아들러 심리학에서는 이렇게 조언한다.

"자기 자신을 용서하고 스스로에게 고마워할 수 있는 사람만이 타인을 진심으로 사랑할 수 있다."

한 줄의 지혜

세상 모든 감사의 시작은 오늘을 견뎌 낸 나 자신에게 건네는 따뜻한 인사말이다.

결핍이 아닌
소유에 집중하라

인간의 뇌는 생존을 위해 본능적으로 '없는 것'에 먼저 시선을 둔다. 심리학의 '부재와 존재' 이론에 따르면, 우리의 마음이 모자란 것에 집중할 때는 불만과 불안이, 가진 것에 집중할 때는 감사와 충만감이 활성화된다.

이미 소유한 것들에 감사하는 태도는 만성적인 불안을 잠재우고 심리적 풍요로움을 선사한다. 감사는 외부에서 무언가를 가져오는 것이 아니라, 내 안에 이미 존재하는 가치를 재발견하는 일이다. 가진 것에 집중하는 마음은 끊임없는 욕망의 고리를 끊고, 결핍이라는 갈증을 해소해 줄 소중한 샘물이다.

스토아학파의 철학자 에픽테토스는 말한다.

"지혜로운 사람은 없는 것을 슬퍼하지 않고, 있는 것을 기뻐하는 사람이다."

한 줄의 지혜

행복은 타인의 황금 잔에서 시선을 거두고,
소박한 내 잔에 담긴 기적을 발견할 때 찾아온다.

시련 속에서도
감사할 거리를 찾아라

삶의 폭풍우가 몰아칠 때 감사를 떠올리기란 쉽지 않다. 그러나 심리학의 '인지적 재구성' 원리에 따르면, 시련을 성장의 기회로 재정의하는 태도는 심리적 회복력을 극대화한다.

고통의 의미를 발견하려고 노력할 때 뇌의 보상 체계가 작동하며, 스트레스 반응을 억제하고 정서적 균형 회복을 시도한다. 비극 속에서도 감사하는 마음은 마음속 불길을 잠재우는 가장 강력한 소화기다. 시련 속의 감사는 상황을 낙관하는 것이 아니라, 무너진 일상을 다시 세우겠다는 의지의 표현이다. 고난은 인생의 불청객이지만, 그 한가운데에서도 숨겨진 감사의 조각을 찾아낼 때, 우리는 이전보다 훨씬 깊고 단단한 내면을 갖게 된다.

영국 작가 제임스 알렌은 말한다.

"감사하는 마음은 시련이라는 거친 파도를 잠재우고, 평온한 지혜의 바다로 인도한다."

시련은 나무에 박힌 옹이처럼
우리의 삶을 한층 단단하게 만든다.

감사가 열 배로 돌아오는
봉사

감사는 마음속에 가둬 둘 때보다 타인에게 전할 때 그 크기가 증폭
된다.

누군가를 돕는 행위는 뇌의 보상 회로를 자극해 엔도르핀과 옥시
토신을 다량 분비한다. 이는 단순한 심리적 만족을 넘어 혈압을 낮
추고 면역력을 강화하는 실질적인 신체 변화를 이끌어 낸다.

봉사는 고립된 자아에서 벗어나 세상과 연결해 주는 통로다. 내가
가진 것을 나누며 누군가에게 도움이 된다는 자각은 강력한 자기
효능감을 선사하며 우울과 불안을 완화한다. 감사의 마음을 담아
건네는 작은 도움은 열 배의 기쁨이 되어 나에게 되돌아온다.

신학자이자 작가인 W. T. 퍼키저는 감사와 행동의 상관관계를 명
확히 짚어 준다.

"우리가 받은 축복에 대해 무엇이라 말하느냐가 아니라, 그것을 어
떻게 사용하느냐가 진정한 감사의 척도다."

한 줄의 지혜

감사가 마음에 품은 한 줄기 빛이라면,
봉사는 그 빛을 온 세상에 비추는 따뜻한 손길이다.

인생을 변화시키는
감사 일기

매일 밤 기록하는 감사 일기는 인생의 초점을 바꾸는 효과적인 도구다. 심리학의 '망상활성계' 원리에 따르면, 특정 대상에 집중할 때 뇌는 그와 관련된 정보만을 선별하여 받아들인다. 즉, 감사를 기록하는 습관은 뇌가 일상 속 숨겨진 행운과 기쁨을 포착하도록 안테나를 조정하는 과정이다. 기록이 반복될수록 뇌는 부정적인 자극보다 긍정적인 신호에 더 민감하게 반응하게 된다.

감사 일기는 막연한 감정을 시각적 언어로 구체화하여 정서적 안정감을 극대화한다. 하루를 마감하며 적어 내려가는 세 줄의 감사는 삶에 대한 만족도를 향상시키고, 삶을 서서히 긍정적인 방향으로 변화시킨다.

오프라 윈프리는 자신의 성공 비결로 감사 일기를 꼽으며 이렇게 조언한다.

"당신이 가진 것에 감사하면 더 많은 것을 갖게 될 것이다. 갖지 못한 것에 집중하면 결코 충분히 가질 수 없다."

한 줄의 지혜

감사 일기는 축복된 내일을 위해
미리 쏘아 올리는 희망의 불꽃놀이다.

사소한 곳에서
행복을 발견하라

커다란 행운은 가끔 찾아오지만, 사소한 기쁨은 우리 곁에 늘 머물러 있다.

지속적인 행복을 위해서는 일상의 작은 행복을 음미하는 능력을 길러야 한다. 갓 구운 빵의 향기, 창가에 머무는 따스한 햇살처럼 사소한 것에 대한 감사는 도파민과 같은 뇌의 보상 물질을 더 자주 분비시켜, 우리가 더 오래 만족감을 유지하도록 돕는다.

행복의 크기는 감사의 빈도에 달려 있다. 거창한 성공을 기다리며 오늘을 희생하기보다, 소소한 일상에 의미를 부여하는 습관은 우리의 감각을 예리하게 유지하며, 심리적 소진을 막아 주는 든든한 완충제가 된다.

알베르트 아인슈타인은 말한다.

"인생을 사는 방법은 두 가지뿐이다. 기적 따위는 없다고 믿으며 살거나, 마주치는 모든 일을 기적처럼 여기며 살거나."

한 줄의 지혜

행복은 강렬한 원색을 사용하는 야수파의 그림보다는 작은 점들을 찍어서 점묘법으로 완성하는 신인상파의 그림에 가깝다.

행복해서 감사한 것이 아니라
감사해서 행복하다

사람들은 좋은 일이 생겨야만 감사할 수 있다고 믿는다. 그러나 심리학의 '정서 유발' 원리에 따르면, 감정은 외부 사건의 결과물일 뿐만 아니라 의도적인 신체적·정신적 태도에 의해서도 만들어진다. 즉, 감사는 행복이 찾아왔을 때 울리는 종소리가 아니라, 행복을 불러들이기 위해 먼저 흔드는 종소리와 같다. 감사를 선택하는 순간, 우리의 뇌는 평온함과 안도감 속에서 행복을 수용할 최적의 상태로 전환된다.

결국 행복은 환경의 산물이 아니라 감사를 도구로 삼는 해석의 기술이다. 어떤 상황에서도 감사할 거리를 먼저 찾아내는 태도는 불행의 침투를 막는 강력한 심리적 요새가 된다.

빅터 프랭클은 단언한다.

"인간에게서 모든 것을 앗아갈 수 있어도, 주어진 상황에서 자신의 태도를 결정하는 마지막 자유만은 빼앗을 수 없다."

한 줄의 지혜

꽃향기가 벌과 나비를 부르듯,
감사하는 마음이 행복을 부른다.

쓰다 보면 몸에 배는
나를 변화시키는 좋은 습관

초판 1쇄 인쇄 2026년 4월 1일
초판 1쇄 발행 2026년 4월 10일

지은이 | 한창욱
펴낸이 | 박찬근
펴낸곳 | (주)빅마우스출판콘텐츠그룹
주   소 | 경기도 고양시 덕양구 삼원로 73 한일윈스타 1422호
전   화 | 031-811-6789
팩   스 | 0504-251-7259
이메일 | bigmouthbook@naver.com
편   집 | 미토스
표지디자인 | 강희연
본문디자인 | 디자인 [연;우]

ⓒ 한창욱

ISBN 979-11-92556-59-8 (03320)

※ 잘못 만들어진 책은 구입처에서 교환 가능합니다.